东北亚和平与发展研究丛书

2021年度大连外国语大学出版基金资助
国家社科基金重大课题《一带一路背景下中国价值观的国际传播研究》
(项目批准号：17ZDA285) 的研究成果

美国文化国际传播观念与策略的历史建构
(1917~1945)

孙 钰 ◎ 著

中国财经出版传媒集团
经济科学出版社
Economic Science Press

图书在版编目（CIP）数据

美国文化国际传播观念与策略的历史建构：1917－1945/孙钰著．—北京：经济科学出版社，2021.10
（东北亚和平与发展研究丛书）
ISBN 978－7－5218－2995－2

Ⅰ.①美… Ⅱ.①孙… Ⅲ.①文化传播－文化史－研究－美国－1917－1945 Ⅳ.①K712.5

中国版本图书馆 CIP 数据核字（2021）第 218974 号

责任编辑：孙丽丽　纪小小
责任校对：孙　晨
版式设计：陈宇琰
责任印制：范　艳

美国文化国际传播观念与策略的历史建构（1917～1945）
孙　钰◎著
经济科学出版社出版、发行　新华书店经销
社址：北京市海淀区阜成路甲 28 号　邮编：100142
总编部电话：010－88191217　发行部电话：010－88191522
网址：www.esp.com.cn
电子邮箱：esp@esp.com.cn
天猫网店：经济科学出版社旗舰店
网址：http://jjkxcbs.tmall.com
北京季蜂印刷有限公司印装
710×1000　16 开　12.25 印张　210000 字
2021 年 10 月第 1 版　2021 年 10 月第 1 次印刷
ISBN 978－7－5218－2995－2　定价：52.00 元
(图书出现印装问题，本社负责调换。电话：010－88191510)
(版权所有　侵权必究　打击盗版　举报热线：010－88191661
QQ：2242791300　营销中心电话：010－88191537
电子邮箱：dbts@esp.com.cn)

"That since wars begin in the minds of men, it is in the minds of men that the defences of peace must be constructed."

—The Preamble to the Constitution of UNESCO

"战争起源于人之思想,故务需于人之思想中筑起保卫和平之屏障。"

——联合国教科文组织《组织法》

目录

第一章	绪论	1
	第一节 研究背景与缘起	1
	第二节 研究目的与意义	6
	第三节 研究视角与方法	8
第二章	相关概念界定与文献综述	13
	第一节 国际传播视野下的美国文化	13
	第二节 国际关系理论视角下的观念与策略	17
	第三节 文化国际传播的两种"理想类型"与现实策略	21
	第四节 相关研究文献综述	39
	第五节 本章小结	48
第三章	美国文化国际传播观念与策略的历史溯源	49
	第一节 美国文化国际传播的观念基础	50
	第二节 美国文化国际传播早期行为体的观念与策略	57
	第三节 本章小结	67
第四章	美国公共信息委员会文化"推销"观念与策略的历史建构（1917～1919年）	68
	第一节 美国文化"推销"观念的历史建构	69

第二节　美国文化"推销"观念的制度化——公共信息
　　　　　　委员会的建立　　　　　　　　　　　　　　　73
　　　第三节　公共信息委员会文化"推销"观念与策略　　　77
　　　第四节　公共信息委员会文化国际传播观念与策略的解体　88
　　　第五节　本章小结　　　　　　　　　　　　　　　　90

第五章　文化国际主义观念与美国非政府文化国际传播策略的
　　　　历史建构（1919～1936年）　　　　　　　　　　　92
　　　第一节　文化国际主义的观念建构　　　　　　　　　　93
　　　第二节　美国非政府文化国际传播的策略建构　　　　　99
　　　第三节　文化国际主义观念的国家主义转向
　　　　　　与美国非政府文化国际传播策略的解体　　　　111
　　　第四节　本章小结　　　　　　　　　　　　　　　　114

第六章　美国与拉丁美洲国家文化外交观念和策略的
　　　　历史建构（1936～1942年）　　　　　　　　　　　116
　　　第一节　美国非政府组织对拉丁美洲国家的文化传播　117
　　　第二节　文化外交的观念建构与制度化　　　　　　　121
　　　第三节　文化关系司的文化外交观念与策略　　　　　130
　　　第四节　美国文化外交的宣传转向——美洲间事务合作
　　　　　　办公室文化宣传观念与策略的建构　　　　　　135
　　　第五节　本章小结　　　　　　　　　　　　　　　　139

第七章　第二次世界大战中美国文化宣传观念与策略的
　　　　历史建构（1942～1945年）　　　　　　　　　　　140
　　　第一节　美国文化宣传观念的历史建构　　　　　　　140
　　　第二节　美国文化宣传观念的制度化与策略建构　　　155
　　　第三节　本章小结　　　　　　　　　　　　　　　　161

第八章 研究结论 … 163
第一节 研究发现 … 164
第二节 研究不足与反思 … 167
第三节 研究建议与启示 … 168

参考文献 … 171
后记 … 185

第一章

绪　论

第一节
研究背景与缘起

1941年2月,美国出版商亨利·卢斯在《时代周刊》发表《美国的世纪》一文,提出"20世纪将是美国的世纪"的著名论断。[①] 正如他预想的那样,在随后的第二次世界大战和美苏"冷战"中,美国一跃成为世界上唯一的霸权国家。但随着21世纪的到来,美国霸权却开始显露衰落迹象:自2001年"9·11"事件以来,美国多年深陷反恐战争泥潭,国力严重损耗;2008年,美国更是经历了"大萧条"以来最严重的金融危机;而自2016年唐纳德·特朗普上台后,面对国际局势的不确定性,美国逐步重拾"美国优先"政策,同时退出"跨太平洋伙伴关系协定"、《巴黎气候变化

---

① Luce, Henry R., "The American Century", *Diplomatic History*, Vol. 23, No. 2, pp. 159–171, London: Oxford University Press, 1999.

协定》、"联合国教科文组织"和"万国邮政联盟"等多个国际协定和组织，战略收缩意图明显。面对这些不争的事实，一些西方学者开始正视美国综合国力的衰弱，甚至有人预言第二次世界大战后形成的"美国治下的和平"（Pax Americana）即将结束。加州大学政治学博士、独立研究所和平与自由中心研究员克里斯托弗·莱恩（Christopher Layne）就认为美国的相对实力在21世纪的初期已经迅速下降。与保罗·肯尼迪（Paul Kennedy）提出的"大国兴衰"的逻辑相同，他认为没有任何国际秩序能够永远存续，"美国治下的和平"也终将成为历史。①

与美国的相对衰落形成鲜明对比的是中国在21世纪初的迅速崛起。自2001年中国加入世界贸易组织以来，中国经济在最近一波的全球化浪潮中迅速发展。2008年北京奥运会的成功举办更是极大地提升了中国的国际形象。2010年，中国取代日本成为世界第二大经济体。借助移动互联网、高铁和人工智能等新兴技术优势，中国迅速缩小与美国在经济总量上的差距：2014年世界银行宣布，按照购买力评价计算，中国已经超越美国成为世界第一大经济体。② 而根据环球通视（IHS）的一项研究，到21世纪20年代中早期，按照市场汇率计算，中国国内生产总值也将超越美国。③ 随着经济实力的提高，中国在国际社会也开始扮演一个负责任大国的角色，顺应时代发展潮流和世界发展大势，坚定不移地扩大对外开放，实现更广泛的互利共赢。随着"一带一路"倡议和"人类命运共同体"理念的提出，中国已经开始为世界贡献中国智慧，提供"中国方案"。

---

① Layne, Christopher. The US – Chinese power shift and the end of the Pax Americana, *International Affairs*, Volume 94, Issue 1, January 2018, pp. 89 – 111.

② Keith, Fray, "China's great leap forward: overtaking the US as world's biggest economy", *Financial Times*, https://www.ft.com/content/166230a2 – a18c – 38f1 – bcac – cbbdd495503a. 2014 – 10 – 08/2020 – 01 – 01.

③ "China to become world's largest economy in 2024 reports IHS economics", IHS Markit, http://news.ihsmarkit.com/press – release/economics – country – risk/china – become – worlds – largest – economy – 2024 – reports – ihs – economics. 2014 – 09 – 07/2020 – 01 – 16.

第一章 绪 论

随着"硬实力"的显著提高,中国政府近年来也开始重视中国文化的国际传播,产生了诸如"中国文化走出去""讲好中国故事""提升国际话语权"和"促进文明对话"等文化国际传播研究主题,相关研究在国内也逐渐热门,中华文化的国际传播已经成为了一门"显学"。在早期相关研究中,一些学者试图利用以"软实力"为代表的西方理论为中国当下的文化国际传播实践寻找理论依托;①但同时也有学者指出这些西方理论脱离中国历史和现实语境,不具有解释力,甚至会误导中国的相关实践(孙英春,2015)。"软实力"的相关话语对应的是特有的政治制度和社会形态,为后发展国家设置了一种"话语陷阱",需要清醒面对,审慎分析"软权力"建设的具体语境和功能发挥的具体途径。② 由此可见,系统梳理西方国家文化国际传播史,深入了解其文化国际传播观念与策略在理论和实践层面上具有重大意义。

美国正是一个善于利用本国文化的国际传播达成国家目标的西方强国。因此,本书选择了1917～1945年美国文化国际传播史作为研究对象。这一历史时期美国在政治、经济、文化和外交方面都发生了意义深远的变革:在威尔逊和小罗斯福两任总统的先后领导下,美国逐步摆脱了孤立主义传统,接受国际主义理念,在两次世界大战后从一个西半球强国一跃成为世界霸权国家;发端于19世纪末的"进步主义"运动改良和革新了国家、社会和经济的各个方面;而20世纪30年代的经济"大萧条"及"罗斯福新政"则重新定义了诸如"自由"和"个人主义"等美国核心理念。在国际环境方面,被美国视为"后院"的拉丁美洲国家人民反美情绪由来已久。20世纪30年代,在德国的反美宣传之下,拉丁美洲成为两国文化

---

① 此类研究比较有代表性的包括约瑟夫·奈、王缉思、赵明昊:《中国软实力的兴起及其影响》,载于《世界经济与政治》2009年第6期;阎学通、徐进:《中美软实力比较》,载于《现代国际关系》2008年第1期;郑永年、张弛:《国际政治中的软力量以及对我国软力量的观察》,载于《世界经济与政治》2007年第7期。

② 孙英春:《警惕软实力的"话语陷阱"》,载于《中国社会科学报》2015年12月4日第005版。

宣传的竞技场；在第二次世界大战中，美国和苏联联手抗击纳粹"邪恶轴心"。但在战后，一条意识形态的鸿沟横亘在以美苏两国为代表的东西方阵营之间，"铁幕"降下，"冷战"登场。

在上述每个历史阶段中，文化的国际传播都在美国对外关系方面发挥了重要作用。1917~1945年间，文化国家主义与文化国际主义思潮在世界范围内兴衰交替，并在美国与其自由主义和孤立主义传统共同建构出了多种文化国际传播观念与策略。1917年，威尔逊政府成立美国历史上首个官方文化国际传播机构——公共信息委员会（Committee of Public Information，CPI）。该委员会以商品推销的传播观念对内进行战争宣传，对外传播威尔逊"民族自决"理念。但大批美国自由主义人士指责其实质是一个宣传机构。迫于压力，战争结束后该委员会便立刻解散。两次世界大战期间的20年中，文化国际主义思潮在欧美国家兴起，美国国内也成立了以"国际智力合作委员会"为代表的旨在促进国家间平等文化交流的非政府机构。如洛克菲勒基金会和卡内基国际和平基金会等私人慈善机构也开始设立文化国际传播分支部门。此类非政府机构的逐步建立使美国文化国际传播的行为主体日渐多元，同时也丰富了传播观念与策略。20世纪30年代，随着美国经济日益恶化，私人慈善基金会和非官方国际传播组织饱受财政困扰，无力继续承担文化国际传播项目。同时由于德国纳粹政治宣传日益猖獗，西方大国政府开始意识到文化国际传播对国际政治的巨大影响力。因此，各国政府开始要求文化国际传播必须服务于国家利益，文化外交观念得以建构。由此开始，文化国家主义开始逐渐取代文化国际主义。在"二战"危及国家安全的条件下，美国政府最终摆脱孤立主义与自由主义传统的束缚，将文化的国际传播彻底纳入国家外交政策框架，文化宣传的观念也由此产生。

1938年，罗斯福政府成立了美国第一个官方文化外交机构——文化关系司（Division of Cultural Relations），负责在"睦邻政策"框架下实施美国与拉丁美洲国家的文化关系项目，美国文化的国际传播从此成为政府外交的工具。但在实践层面，文化关系司与非政府机构协调合作，开展以文化教育为主,双向互动的国际文化传播项目。1939年,随着国际环境愈加紧张,罗斯福政府又成立了美洲间事务合作办公室(Office of the Coordinator of Inter-American Affairs,OCIAA)。该办公室在纳尔逊·洛克菲勒(Nelson Rockefeller)的领导下极大扩展了美国文化国际传播中"文化"的内涵,主张国家间的经济与技术合作也属于广义上的"文化"范畴,应与教育文化项目同时开展。但由于美国相比拉丁美洲国家在经济和科学技术方面具有明显优势,此种"文化交流"中信息只单向流动,传播中的"双向性"与"互惠性"被逐渐破坏,美国的文化外交开始发生"宣传转向"。在传播策略方面,美洲间事务合作办公室开拓了媒介渠道,积极利用电影和电台等新兴媒介传播美国流行文化,以此获得更多受众。

1941年12月7日,日本对珍珠港的突袭将美国拖入第二次世界大战。面对严重的国家安全危机,美国彻底摆脱了自由主义文化传播理念的影响,动员全国文化资源为国家安全服务的呼声愈加高涨。联邦政府内部也开始强调文化项目的宣传作用,单向宣传与互惠的文化交流之间的界线愈加模糊。在文化咨询委员会和国务院一系列的讨论后,美国文化的国际传播活动被正式纳入国家外交框架之中。在第二次世界大战期间,美国成立了文化宣传机构——战争信息办公室(Office of War Information,OWI),将美国文化的国际传播作为战争中击败敌人的武器,此举也标志着美国文化外交的全面"宣传化"。

纵览1917~1945年美国文化国际传播史可以发现,虽然传播行为体多元,传播机构和项目变动频繁,但仍有一条线索清晰可见:在国家身份层面,美国从西半球"孤立主义"大国逐步成为"自由国际主义"世界霸权;在文化国际传播观念层面,兴盛于两次世界大战期间的文化国际主义被文化国家主义逐渐替代,两者的冲突与妥协建构出了文化外交与文化宣传两种折中观念与现实策略;在机构体制层面,以公共信息委员会、文化关系司和美洲间事务合作办公室为代表的传播机构得以建立,并以多种策略维护美国不断变动的国家利益。

正如美国学者贾斯丁·哈特（Justin Hart）在《思想的帝国：公共外交的起源与美国外交政策的转变》一书中论述的那样，与19世纪欧洲国家的海外殖民扩张不同，美国在20世纪的霸权主要基于其文化在全球范围内的影响力。[①] 在中国迅速崛起，并主张以一种不同于西方霸权的方式参与国际事务的历史节点上，梳理20世纪美国霸权形成中产生的文化国际传播观念与策略有着重要的历史意义和现实指向，这也是本书的写作缘起。

第二节
研究目的与意义

一、研究目的

本书旨在从历史建构的视角出发，首先通过梳理1917~1945年美国文化国际传播历史文献，分析美国在走向全球霸权的历史进程中产生的文化国际传播观念，还原具体历史语境下的国际环境、美国国家身份与利益如何共同建构了多种文化国际传播观念；其次，剖析各个历史时期占主导地位的文化国际传播观念如何沿着制度化路径建构出各类传播机构；最后，通过分析有代表性的个案探究各个机构的文化国际传播策略。

本书力求以一种由宏观历史到微观案例的贯穿式方法透析美国文化国际传播发展脉络，以跳脱出既有的文化外交或文化宣传的单一分析框架，而用一种历史建构的动态框架展开分析。

---

① Hart, Justin. Empire of Ideas: The Origins of Public Diplomacy and the Transformation of U. S. Foreign Policy. Oxford: Oxford University Press, 2013, P. 55.

二、研究意义

深入研究1917~1945年的美国文化国际传播观念与策略在理论与现实层面都有重要意义。首先在理论意义方面，目前国内外相关研究大多使用文化外交或文化宣传指称美国文化国际传播活动，在历史时段上也大多局限在美苏意识形态对抗的"冷战"中。此类研究常常详尽分析单一个案的来龙去脉，但少有关注较长历史时段中个案之间的变迁。同时，也少有研究者深入发掘美国文化国际传播机构变迁背后的观念因素。而本书从历史建构视角出发，考察美国文化国际传播如何从和平时期一种国家之间互换的"礼物"，被逐步打造成战争阴影下美国政府的外交工具，而最终在战争中被改造成一种战时宣传武器。换言之，本书研究的是文化外交和文化宣传观念与策略的历史建构过程，这就为目前集中在文化国际传播"工具性"的诸多研究提供了一条"价值性"的研究线索。

其次在现实意义方面，虽然在"9·11"事件，尤其是2008年金融危机之后综合国力有所下降，但美国仍是世界大国，其文化影响力依然巨大。中美关系也仍然是21世纪最重要的双边关系之一。深入研究美国文化国际传播的观念与策略的现实意义体现在如下三个方面。首先，更加全面地认识美国文化国际传播在其跃升至世界霸权过程中的作用，认清其从文化交流到意识形态输出的变化过程及背后动因，有助于我国在通过文化手段构建"人类命运共同体"的过程中吸取经验与教训。其次，通过分析美国文化国际传播的观念对相关策略的建构过程可以窥见美国对外文化政策的制定过程与背后逻辑，对我国与美国开展文化交流有重要指导意义。

最后，吸取美国在文化国际传播方面的经验和教训有助于我国学界与业界对西方相关理论和经验进行反思，为"中国方案"和"中国学派"的建立提供理论资源。

第三节
研究视角与方法

一、"历史建构"研究视角的建立

面对 1917~1945 年美国文化国际传播庞杂的历史素材，本书思考的逻辑起点是将目前主流研究常用的文化外交和文化宣传概念回置于其产生、发展和演变的历史情境中来考察。学界普遍认为美国的文化外交产生于 1938 年文化关系司的建立，但一些学者又使用文化外交指称 1938 年之前由非政府组织主导的美国文化国际传播及"一战"和"冷战"期间美国的文化宣传活动。由此可见，在当下的学术话语当中，文化外交已经被认为是一种能够统摄所有利用文化方式处理国家间关系的概念，但这就遮蔽了美国文化的国际传播与外交政策结合过程中的诸多曲折。因此，本书必须使用一个更宏观的历史分析框架，将分析时段拉长至 1938 年前后二十年左右，才能还原文化外交和文化宣传观念与策略的建构过程。这一过程绝非连续的、自然的，而是在一系列的观念冲突、价值取舍和政治斗争中断断续续甚至自相矛盾地生长起来的。因此，本书不止于阐释具体历史语境下美国文化国际传播观念与策略的实际内容，而旨在同时探索作为美国对外政策重要组成部分的文化国际传播观念的有机结构、生长过程及各个时期其发展脉络与内在联系，并由此探究观念影响相关策略的制度化路径。

沿袭这一思考逻辑，本书使用了国际关系建构主义理论。美国建构主义学者亚历山大·温特（Alexander Wendt）认为，任何社会体系的结构都包含三个要素：物质条件、利益和观念。建构主义理解的观念，主要是指身份（认同）、意识形态、话语和文化等。温特在《国际政治的社会理论》

中指出，利益本身就是主体基于自我身份产生的认知或观念，而建构利益的观念又是被国际体系中的共有观念或文化建构的。①

建构主义认为，国家体系结构既包括物质结构也包括文化结构，而文化结构优先于物质结构，因为行为体的行为以对方表达的意义为基础。因此，观念改变了国家的对外政策。建构主义研究取向的要旨是国家的"身份"（identity），建构主义认为"国家的自我"即"身份"是一个变量，它们依赖于历史、文化和社会背景。

依据建构主义的逻辑，本书从每个历史阶段中美国面临的宏观历史环境②入手，首先厘清美国的国家身份与核心利益，进而分析其在对外关系方面持有何种观念，再梳理这些观念如何沿着制度化路径影响具体的文化国际传播策略（见表1-1）。

表1-1　　　　　　　　　　研究视角

历史时段	国际环境	国家身份	核心利益	文化国际传播观念	传播主体和策略
1917年之前	和平	孤立主义西半球强国	不介入国际事务的前提下提升国际影响力	自由放任；作为"礼物"的文化	传教士和私人慈善机构；教育和图书等"慢媒介"
1917~1919年	"一战"；德国"反美"宣传	国际主义西半球强国	加入"一战"，提升美国国际地位	"促销观"（selling）；作为"商品"的文化	"公共信息委员会"；文化宣传；电影和电台等"快媒介"

---

①　[美]亚历山大·温特：《国际政治的社会理论》，秦亚青译，上海人民出版社2000年版，第120~123页。

②　需要指出的是，这里的"国际环境"不但包括经济、军事和外交等物质环境，也同时包括国际范围内与文化国际传播相关的观念。比如两次世界大战之间在世界范围内兴起的文化国际主义运动就深刻影响了美国的文化国际传播观念和策略；而20世纪30年代末紧张国际局势下主张利用文化手段为国家利益服务的文化国家主义理念也同样影响了美国的相关文化国际传播活动。

美国文化国际传播观念与策略的历史建构（1917~1945）

续表

历史时段	国际环境	国家身份	核心利益	文化国际传播观念	传播主体和策略
1919~1932年	和平；文化国际主义兴起	回归孤立主义的西半球强国	通过文化手段维持世界和平	自由放任	慈善基金会等私人机构；"慢媒介"
1933~1941年	纳粹兴起；纳粹在南美洲国家的政治宣传；文化国家主义兴起	暂时中立的西半球强国	维护美国在南美洲的利益	"睦邻政策"框架下的文化外交观念；作为外交"工具"的文化	文化关系处和美洲间事务合作办公室；快媒介与慢媒介并用，包含精英与大众文化的综合传播策略
1941~1945年	第二次世界大战	战争中的世界大国	击败纳粹，促成世界和平	文化宣传观；作为"武器"的文化	战争信息办公室；文化宣传

建构主义是一种反本质主义的研究视角，其反对那种主张世间万物皆有一个普遍本质，人们可以从千变万化的现象中发现稳定特性和共同特点的本质主义观点。在这种视角下，美国文化国际传播实际上是特定历史时代的建构产物。从当下研究者的视角回看，1917~1945年间美国文化国际传播的观念与策略作为一个整体则被此间的历史和文化具体地规定着，是"历史建构"的产物。"历史建构"视角下的美国文化国际传播并不存在一个超越时间和历史的内在本质，并同时强调观念与策略在历史纵向上的传承与影响：如1917年成立的公共信息委员会的文化国际传播观念与策略就深刻影响了1939年由洛克菲勒领导的"美洲间事务合作办公室"。鉴于此种反本质主义的视角，本书使用"文化国际传播"这样一个暂时悬置其价值和目的取向的"理想型"概念来指称1917~1945年间美国的相关观念与策略。

二、历史解释学研究方法的应用

作为一项历史研究，本书采用的历史建构视角也有助于以历史解释学方法来梳理美国历史档案文献。史学家赫尔德认为人性是在具体历史环境中建构出来的，而人又通过与社会的互动来形成认知，因此人的理解也具有历史性，处于不同历史时空和文化语境中人们很难达成真正的理解。在本研究中，当研究者面对作为"他者"的美国史料时更有可能做出"历史的辉格解释"[①]，即以"当下"作为准绳和参照来研究"过去"，从研究者所处的历史和文化语境出发对历史的发展变化做出道德评价和判断。如果以此种历史观看待美国在1917~1945年的文化国际传播，则极易以文化宣传框架来解读其所有相关实践，但这也就遮蔽了其中复杂的变化脉络。因此只有通过微观地考察某个历史断面，我们才能真正看到历史变迁背后复杂的运动。正如赫伯特·巴特菲尔德所指出的那样，"只有通过这种方式，我们才能发现时间同人们玩的把戏，因为它往往让结果'事与愿违'，我们才能认识到，那些当我们回望时显得自然而简单的，走向当代的，进步式的历史变迁，实际上是一个复杂的历史过程"[②]。

为了避免这种理解"他者"历史时的"辉格史观"，本书使用了赫尔德"移情共感"的态度和方法来阐释相关史料。他认为当我们试图彻底理解一个民族的思想和作为时，必得先进入它的精神，研究者必须"……要进入那个年代、那个地方、他全部的历史——你要领会它的每一细节"[③]。

[①] 辉格式的历史（whiggish history）又称"历史的辉格解释"（whig interpretation of history）（相应的形容词和名词还有 whiggism 和 whiggery），这一短语是由英国史学家巴特菲尔德（Herbert Butterfield）首先创用的，指的是19世纪初期，属于辉格党的一些历史学家从辉格党的利益出发，用历史作为工具来论证辉格党的政见，依照现在来解释过去和历史。详见[英]赫伯特·巴特菲尔德：《历史的辉格解释》，张岳明、刘北城译，商务印书馆2012年版。

[②] [英]赫伯特·巴斯菲尔德：《历史的辉格解释》，张岳明、刘北城译，商务印书馆2012年版，第16页。

[③] [德]约翰·哥特弗雷德·赫尔德：《反纯粹理性——论宗教、语言和历史文选》，张晓梅译，商务印书馆2010年版，第2页。

因此，本书通过梳理大量原始历史文献将研究者带入当时的历史语境中，还原每段具体历史环境对美国文化国际传播观念和策略的建构过程；同时，研究者又适时从史料中抽离出来，站在一个相对客观的立场对史料进行评判。在这种视角之下，美国文化的国际传播活动自建国之初就一直存在，而文化外交则是历史建构的结果。在"历史建构"的视角下，本书注重挖掘每个历史时期产生的文化国际传播观念与策略如何影响之后的相关实践。同时，这种建构的逻辑也反映在每个具体历史时段中占主导的传播观念对相关机构的建立和具体策略的影响。总结起来，这种建构的逻辑同时存在于"共时"和"历时"的分析之中。

历史研究必然涉及历史时段的确定，本研究采取历时性和共时性相结合的方式，以历时性为主，在历时性分析过程中进行共时性分析和诠释。对于历时性而言，本书的分析从美国首个政府官方文化国际传播机构——公共信息委员会开始，直至1945年文化国际传播活动被纳入国务院管辖截止。然而美国文化国际传播的观念和策略具有具体的、流动的性质，终究不能划归于机械的年代。因此本书也简要介绍了美国建国初期至20世纪早期的相关内容，并注重论述历史时段之间的过渡期，试图从宏观的角度找出新旧历史之间切换的动能如何发挥其建构作用。

第二章
相关概念界定与文献综述

在学术知识系统中，界定概念是组织信息和观点的重要工具。概念在给事物分类当中必不可少，而在建构理论中也同样不可或缺。因此，在展开分析之前，本章将从学理层面界定书中涉及的重要概念。围绕着关键概念，本章将系统梳理国内外相关文献，并以此指出本书的继承与创新之处。

第一节
国际传播视野下的美国文化

一、国际传播视野下的文化

根据雷蒙·威廉斯的考察，与英文中"culture"一词最接近的词源是拉丁文"cultura"，其具有"栽种"或"照料"的意涵，也包含了古罗马哲学家西塞罗在著作《图斯库卢姆辩论》中使用的"cultura animi"一词，指称"心灵的陶冶"。[①] 从 16 世纪初，"照顾动植物成长"的意涵开始被

---

① ［英］雷蒙·威廉斯：《关键词：文化与社会的词汇》，刘建基译，生活·读书·新知三联书店 2016 年版，第 147 页。

延伸为"人类发展的历程"。塞缪尔·普芬道夫将这个比喻转化为现代所用的"文化"一词,但他已经不再认为文化是人类发展的至高境界了。与此相反,他认为文化"使人类摆脱野蛮,通过巧法成为完全的人"①。文化的涵义也因此逐渐扩展,不仅指耕耘土地,还包括农业生产、饲养动物;照料日常生活,如穿衣、服饰、关心和照料朋友以及祭祀先祖;还意味着居住在城镇或者市区,以及培养道德心智。1871年,英国人类学家爱德华·泰勒在《原始文化》一书中提出"文化或文明,从一种广义的民族学意义上看,是一种包含了知识、信仰、艺术、道德、法律、习俗以及作为一个社会成员所习得的一切能力和习惯"②。这一定义至今被许多学者沿用或征引,也被认为是现代第一个文化的定义。而马修·阿诺德在1882年就注意到了文化与传播之间的关系,他认为文化就是"……通过阅读、观察、思考等手段,得到当前世界上所能了解的最优秀的知识和思想……使我们能达到比现在更全面的完美境界"③。

在文化构成方面,最常见的是物质文化、制度文化和精神文化"三层次说"。首先是物质层次,简单说就是指工具、衣食住行所必需的东西,以及现代高科技创造出来的机器等。人类借助创造出来的物质文化,获取生存所必需的东西。其次是制度层次,为了与他人和谐相处,人类创造出制度文化,即道德伦理、社会规范、社会制度、风俗习惯、典章律法等。人类借助这些社群与文化行动,构成复杂的人类社会。最后是精神理念层次,为了克服自己在感情、心理上的焦虑和不安,人类创造了精神文化,比如艺术、音乐、戏剧、文学、宗教信仰等。人类借助这些表达方式获得

---

① Velkley, Richard. "The Tension in the Beautiful: On Culture and Civilization in Rousseau and German Philosophy", *Being after Rousseau: Philosophy and Culture in Question*. Chicago: The University of Chicago Press, 2002, pp. 11-30.

② [英]爱德华·泰勒:《原始文化:神话、哲学、宗教、语言、艺术和习俗发展之研究》,连树声译,广西师范大学出版社2005年版,第1页。

③ [英]马修·阿诺德:《文化与无政府状态》,韩敏中译,生活·读书·新知三联书店2008年版,第132页。

满足与安慰,维持自我的平衡与完整。①

根据福特纳的定义,国际传播指的是跨越国界的传播行为。② 从传播主体看,主权国家曾经是国际传播的主要行为体。但随着全球化的发展和传播技术的革新,国际传播主体逐渐多元化,国家政府、商业机构和个人也都参与其中。在媒介形式方面,由于国际传播学科的发展与传播技术的革新在历史中具有同步性,因此国际传播研究尤其重视诸如电报、短波电台、电视直至互联网等"快媒介",特别关注由这些媒介引发的国际新闻领域的变革。但国际传播本质上是一种跨越国界的信息流动,而"信息"也包含国家间诸如文化、技术和科学等内容。因此,文化的国际传播自然成为国际传播研究领域的必要组成部分。

与国际新闻等其他国际传播领域相比,文化的国际传播常常依靠一些"慢媒介",诸如国际教育合作、图书和图书馆的海外传播、艺术展览和博物馆活动等。音乐、电影、体育和电视节目同样是文化国际传播的常见媒体渠道。文化的国际传播往往重视传受双方的沟通和协调,着眼于长期效果。

二、国际传播视野下的美国文化

与本书研究主题相关的是美国文化的国际传播,因此,必须进一步聚焦,形成一个"国际传播中的美国文化"的研究定义。美国文化属于西方文化的一部分,由于其被殖民的历史,美国文化深受盎格鲁·撒克逊文化影响。同时,美国是一个移民国家,因此美国文化也受到诸如爱尔兰文化、德国文化、意大利文化、美洲原住民文化及非洲文化的影响。由于文化来源和构成的混杂性,美国文化曾经被认为是"文化熔炉"(melting

---

① 一般认为中国台湾学者杨明华编著的《有关文化的100个素养》首先提出这一分析方法,但东南大学的高兆明在1996年的文章《器物、制度观念新论纲》中就已经提及类似观点。

② Fortner, R. S.. *International communication: History, conflict, and control of the global metropolis.* Wadsworth Pub. Co., 1993, P. 6.

pot），但由于文化多样性概念的流行，目前更倾向于将其描述为"沙拉盘"（salad bowl）。

美国文化既是多种文化国际传播的"受者"，同时又具有强烈的对外传播动能。从宗教上看，这源于美国盎格鲁·撒克逊新教文化信仰体系中的"美国例外论"和美国白人特殊的使命感。① 他们相信作为"山巅之城"的美国有道德义务"拯救"和"复兴"世界。而进入20世纪之后，随着在国际舞台上的崛起，美国又需要靠文化吸引力实现其世界帝国的目标。美国文化的国际传播也因此多了一层政治意涵。大众文化的国际传播是美国文化扩张的主要手段，其背后兼具宗教、政治和商业三重动力。正如王晓德所指出的那样，"美国大众文化的向外扩张既具有追求商业利润的驱动，又有着以一种强势文化的优势征服他国之人的目的"②。

由于学力和篇幅所限，本书显然无法涵盖上述提及的所有方面。因此，本书研究的"美国文化"主要限定为美国在1917～1945年期间通过非商业性质的体制化（institutionalized）的行为主体向外传播的文化内容，其中包含文学、绘画和音乐等高雅文化；爵士乐、舞蹈、电影、体育等大众娱乐形式；家居用品、食品、饰件等日常生活用品；宗教、哲学和语言等抽象文化形式；对待工作、娱乐、金钱和战争的态度；具有社会学意义的技术发明，如机械化生产方式、统计方法以及大规模流水生产线；美国组织政治、社会和经济的方式。③ 需要指出的是，"非商业性质的体制化"的行为主体不止包括政府机构，还包括以慈善基金会和学术团体为代表的私人机构。④

---

① 王晓德：《"美国例外论"与美国文化全球扩张的根源》，载于《世界政治与经济》2006年第7期。
② 王晓德：《"软实力"与美国大众文化的全球扩张》，载于《历史教学》2007年第10期。
③ 参见 Frank Costigliola. *Awkward Dominion. American Political, Economic, and Cultural Relations with Europe, 1919–1933*. Ithaca and London: Cornell University Press, 1984, P.19, 转引自王晓德：《踟蹰的霸权：美国崛起后的身份困惑与秩序追求（1913–1945）》，中国社会科学出版社2015年版，第480页。
④ 美国商业机构向外传播的大众文化内容并不在本书的研究范围，但会涉及美国政府出于政治目的与商业机构合作向外传播的大众文化内容。

第二节
国际关系理论视角下的观念与策略

一、观念与外交策略——从现实主义到建构主义

在西方国际关系学界，物质实力与观念建构在国际关系中的作用是其区分不同理论流派和范式的重要标志之一。现实主义强调以军事实力为主要标志的物质权势，否定观念、理想和文化的作用；而建构主义则相反，强调观念的作用是第一性的，物质实力发挥何等作用取决于人们在观念上对它的解读。新自由制度主义强调观念因素和物质因素在国际关系中发挥同样重要的作用。基欧汉和戈尔茨坦在《观念与外交政策：信念、制度与政治变迁》一书中明确指出，观念因素同物质因素一样都能对外交政策产生影响，并第一次论证了观念是如何发挥作用的。

但是，国际关系理论界关于物质与观念关系问题的争论并没有就此停止。建构主义在与新现实主义和新自由制度主义的论战中进一步走向成熟和体系化。以亚历山大·温特为代表的建构主义学者对新现实主义和新自由主义的批判集中体现在它的反物质主义，就是不承认国际政治的基本结构是物质性的，而认为它更主要的是建立在观念基础上的社会建构。建构主义不同意新现实主义和新自由制度主义提出的国际体系的实质特征是国家间物质力量的分配，而认为其是共有观念的产物。它虽然也承认国际结构中包含着不可否认的物质因素，如国家实力，但又认为物质因素本身的意义十分有限，只有通过观念的解读才能对行为体的行为产生实际影响。所谓反理性主义，就是对新现实主义和新自由制度主义认为国家先验地知道自己的身份和利益，并按理性的原则追求这些利益的假设提出了质疑。

建构主义认为一个国家的身份和利益认同并不是先验的，而是共有观念建构的。主体间的实践活动形成共有观念，共有观念形成文化，而文化决定着行为体的身份认同、利益和行为。所谓反恒定性，就是不承认权力政治实质的恒定性、国际体系无政府状态的恒定性以及国家身份和利益认同的恒定性，认为这些特征都不是固定不变的，而是随着观念的变化而变化。不但一个国家对自己的身份和利益认同可以变化，而且整个国际体系的特征也可以变化。国际社会总体上是朝着进步的方向发展的。总之，建构主义把观念在国际关系中的作用看成是第一性的，是决定国际秩序的主要力量。

针对建构主义的这些观点，新自由制度主义站在《观念与外交政策：信念、制度与政治变迁》一书的原有立场上对其进行了批评。基欧汉在评论温特理论的时候，一方面重申将新自由制度主义纳入纯粹物质主义是错误的；另一方面又强调对外政策的决定因素既包含了物质因素的成分，也包含了观念成分。认为温特采用笛卡尔的二元性原则将观念和物质在国际政治中的作用对立起来是没有意义的。另外，认为在国际政治中，物质还是观念作用更大这样的本体论问题在宏观层次上没有答案，所以没有意义。真正有意义的问题是观念起到什么样的作用，通过什么因果机制起作用。

基欧汉的这一评论表明，在观念和物质孰先孰后的本体论问题上新自由主义与建构主义既存在着一些共性，也存在着分歧。这一表态不但维护了《观念与外交政策：信念、制度与政治变迁》一书的原有观点，而且更增加了它的价值。它不但使新自由制度主义区别于新现实主义，也区别于建构主义。他弥补了建构主义对观念作用的论证不足，从而在新自由制度主义与建构主义之间架起了一座桥梁。

戈尔茨坦和基欧汉批判了新现实主义和新自由制度主义对于观念在国际关系中的作用问题的错误认知，指出这两种理论都将行为者的偏好和因果信念看作是既定不变的，因而决定着国家利益也是永恒不变的，那就是获取更多的财富和权力。天然知道自己利益所在的行为者只需将注意力集中在他们所面临的制约条件变量，并将自己的利益最大化，而把观念的作用置于次要的地位，视其为附带现象。

而"反思主义"主张不但要探讨用什么样的战略来获取利益，而且还要探讨偏好、身份认同和利益观是如何形成和塑造的，而不是天然存在的。问题的关键不是认同观念是否起作用，而是它们如何起作用。

二、从观念到策略——一种新自由制度主义的视角

如果说国际关系建构主义理论解决了"观念对外交政策是否重要？"的问题，那么新自由制度主义就解决了观念"如何"影响政策的问题。戈尔茨坦和基欧汉在《观念与外交政策：信念、制度与政治变迁》一书中指出观念以下述三种方式影响政策：观念所体现出的原则化或因果性的信念为行为者提供了路线图，使其对目标或目的—手段关系更加清晰；在不存在单一均衡（unique equilibrium）的战略形势下，观念影响战略形势的结果；观念能够嵌入政治制度当中。[①] 两位学者首先区分了三种观念范畴：世界观、原则化（principled）信念和因果信念。

第一个观念范畴是世界观。世界观植根于一种文化的符号之中，并深刻影响着思维和说教模式。世界观既包含宇宙论和本体论的观点，也包含伦理学观点。世界观经常来自宗教信仰，但也同样来自象征现代性的科学理性。当观念以世界观的形式出现时，对人类行动具有最广泛的影响。第二个观念范畴是原则化信念，包括区分对与错、正义与非正义标准的规范性观念。原则化信念常常根据更大的世界观为自己辩护，但那些世界观常常宽泛到足以包括反对原则化信念的程度。第三类观念范畴是因果信念，即关于原因—结果关系的信念。它的权威源自被公认的精英所达成的共识。这些因果信念为个体提供了如何实现其目标的指南。因果信念蕴涵着达到目标的战略。

---

① [美]朱迪斯·戈尔茨坦、罗伯特·基欧汉编：《观念与外交政策：信念、制度与政治变迁》，刘东国、于军译，北京大学出版社2005年版，第一章。

美国文化国际传播观念与策略的历史建构（1917～1945）

戈尔茨坦和基欧汉指出虽然对信念的分类在理论上是清楚的，但是在社会生活中，所有三方面的观念都可以连接起来，形成一张看上去似乎是无缝的网。比如，彼得·哈斯及其他学者所研究的"认识共同体"（epistemic communities）。其由一些专家组成，既持有因果概念信念，又持有规范性和原则化信念。[①]

观念是如何影响政策的呢？戈尔茨坦和基欧汉指出三条路径，分别是观念作为路线图、观念作为焦点和粘合剂，以及观念制度化路径。

理性主义者承认个体对于某个政策结果的偏好，但却无法对其做出解释。上述两位学者认为人们对某些政策结果的偏好不是天生的，而是后天获得的。世界观和原则化信念建构了人们对于生活的根本性质与道德实践的看法。因此，要理解政策偏好的形成，就必须理解哪些观念可以获得，人们是如何在其中做出选择的。另外，由于人们在进行战略选择时，其依赖的信息往往是不完全的。因此，即便政策偏好清楚，行为体也完全受到自我利益驱动，行为体所持有的观念在解释政策选择时也会成为重要因素。当行为结果具有不确定性时，那么对行为效果的期待对政策的选择具有解释力。在不确定的条件下，对行为效果的期待依赖于因果信念以及权威决策所做的制度安排。因果观念帮助人们做出决定在众多的手段中采取哪些来达到预期目标。这些都植根于制度之中形成解决问题的方案。[②] 因此，观念对于理解对外政策十分重要，因为它们在不确定的环境中起着"路线图"的作用。而在萧条、战争和政党衰落以及政府被推翻等条件下，观念都有可能变得更加重要。因为这些外部震荡都削弱了现存秩序。在这种时刻，政治议程可能因为某些新的规范性或因果性信念被广泛接受而发

[①] Hass, Peter M., "Introduction: Epistemic Communities and International Policy Coordination", *International Organization* 46 (Winter 1992), pp. 1 - 35. 转引自［美］朱迪斯·戈尔茨坦、罗伯特·基欧汉编：《观念与外交政策：信念、制度与政治变迁》，刘东国、于军译，北京大学出版社2005年版，第11页。

[②] M. D. Cohen and J. G. March, "A Garbage Can Model of Organizational Choices", *Administrative Science Quarterly*, 转引自［美］朱迪斯·戈尔茨坦、罗伯特·基欧汉编：《观念与外交政策：信念、制度与政治变迁》，刘东国、于军译，北京大学出版社2005年版，第14页。

生激进的变化。

当博弈者的理性战略无法导致唯一的均衡结果时，观念可以作为焦点和粘合剂，减少协调其引发的问题。观念能起到焦点的作用，解决不完全契约所产生的问题，或是充当抵消集体行动问题的手段。当政治行为者必须在体现帕累托全局改善的多套结局之间做出抉择，而选择没有"客观标准"作为基础时，观念能够聚焦预期和战略。政治精英们可能根据共同的文化、规范、宗教、民族或因果性信念来确定行动方向。其他政策可能被忽略。①

观念对外交政策的长期影响往往以制度化的形式达成。不管一套特定的信念如何对政治产生影响，但长期使用那些观念则意味着现存规则和规范的变化。观念能够通过将自身融入政治讨论的术语当中而对政治产生影响；但某套观念还可借助将自身嵌入制度当中，通过制度的运行而产生影响。观念一旦对组织的设计产生了影响，它们的影响就将通过在该组织中工作的那些人以及该机构为其利益服务的那些人的动机所反映出来。一般而言，当制度介入之后，观念的影响有可能持续数十年，甚至数代人之久。从这个意义上来说，即便是不再有人把它们当作原则性的或因果性的陈述而真正相信它们，观念仍然能产生影响。

第三节
文化国际传播的两种"理想类型"与现实策略

"理想类型"是德国社会学家马克思·韦伯提出的一种概念，其特性是以一种极端或纯粹的形式表现出来，不过理想内容所指的确实内容在现实中却很少出现。虽然如此，理想类型仍然反映了现实的某些层面，而且

---

① ［美］朱迪斯·戈尔茨坦、罗伯特·基欧汉编：《观念与外交政策：信念、制度与政治变迁》，刘东国、于军译，北京大学出版社 2005 年版，第 18 页。

也可以用作对现实进行判断、说明与研究的基础。韦伯提出理想类型的主要目的是阐明社会科学家们在形成某些抽象概念和一般概念时的程序。一般说来,"理想类型"的概念具有一些基本特征。

理想类型是研究者思维的一种主观建构,因此,它既源于现实社会,又不等同于现实社会。"ideal types"既可以被译成"理想类型",也可以被译成"理念类型"。这两种译法实际上正好揭示了这一概念的四个面向:其一,这种类型存在于人的观念中而不是现实中,因此它是一种理念。其二,这种类型之所以能够称为"理想的"是因为它代表的某种典型性,是一种理想化的类型,现实中的社会现象只能与之接近,但不会同其完全一致。因此,韦伯强调,"……将历史活动的某些关系和事件联结到一个自身无矛盾的世界之上,而这个世界是由设想出来的各种联系组成的,这种构想在内容上包含着乌托邦的特征……"① 理想类型尽管是一种主观建构,但并不是凭空虚构的,它是以理论结构的形式体现着某个时代社会文化现象的内在逻辑和规则。"理想类型"有助于发展社会科学研究中的推论技巧:它不是假设,但能够为假设的建构提供指导;它不是现实的一种描述,但却意图为这种描述提供一种明确的表达手段。其三,理想类型在一定程度上是抽象的,但它并没有概括也不试图概括现实事物的所有特征,它只是为了研究的目的单向侧重概括了事物的一组或某种特征。用韦伯的话来说,"一种理想类型是通过单向(one-sided)突出事物的一点或几点,通过对大量弥散的、孤立的、时隐时现的具体的个别现象的综合形成的……"正惟其如此,理想类型为比较在某一方面或某几方面具有共性的现象提供了可能。其四,理想类型的概念也充分体现了韦伯对价值的看法。一方面,他并没有无视行动者的价值观,但另一方面,他鲜明地强调,"我们所谓的理想类型……和价值判断没有任何关系,除了逻辑上的

---

① [德] 马克思·韦伯:《社会科学方法论》,韩水法、莫茜译,商务印书馆2018年版,第45页。

完善外，它与任何形式的完美毫不相干"①。

基于如上逻辑，本书首先建立"文化国际传播"这一工具性概念，暂时悬置了文化国际传播活动背后的目标和价值，而凸显其"工具理性"。当然必须承认"文化国际传播"是工具理性和价值理性的统一体，在真实世界中并不存在完全"价值无涉"的文化国际传播活动，但也只有作此假设才能更清晰地将本书分析的问题概念化。其次，当这种暂时悬置了价值取向的"文化国际传播"被放入民族国家的具体实践中，我们就可以发现一对截然相反的"理想类型"。

一、文化国际主义观念下的文化国际传播

文化国际主义兴起于两次世界大战期间。第一次世界大战的惨痛教训使一些知识分子逐渐意识到权力政治并不总能带给世界持久的和平，更无法建立稳定的国际秩序。因此，他们开始寻求其他解决之道，而文化国际主义正是兴起于这股对人类文明的反思热潮之中。文化国际主义者认为文化国际传播活动可以促成国家间的相互理解。为达此目的，国家间的文化传播应该超越狭隘的民族主义，以世界和平为终极目标。日裔美籍学者入江昭（Akira Iriye）从文化关系的视角出发，将霍布斯对"权力"的认知进行了重新阐释，并由此解释了文化国际主义的基本观点。霍布斯认为权力就是"一个人取得某种未来具体利益的现有手段"②。而文化国际主义则重新定义了霍布斯权力中的"需求"（need）和"方法"（means），主张国家应该用文化而不是权力的方式满足需求。③

入江昭定义的"国际主义"是"一种观念、运动或者机构，他们试图

---

① Weber, M.. *The Methodology of the Social Science*. New York: The Free Press, 1949, P. 90, 转引自周晓红：《理想类型与经典社会学的分析范式》，载于《江海学刊》2002 年第 2 期。
② [英]霍布斯：《利维坦》，黎思复、黎廷弼译，杨昌裕校，商务印书馆 1985 年版，第 62 页。
③ Iriye, Akira. *Cultural Internationalism and World Order*. Baltimore and London: The Johns Hopkins University Press, 1997, P. 17.

通过跨国合作和交流的方式重新定义国家间关系的本质"[①]。这种合作和交流常以外交的形式发生在主权国家间,如军事联盟和安全协定。但入江昭认为这无法改变既有国际秩序的地缘政治本质。他认为存在另一种国际主义,其试图通过多种跨国行为体的合作来建立更稳定的国际秩序。比如,法律国际主义就强调国际法对建构稳定国际秩序的作用;而经济国际主义则认为国家间经济层面的互相依赖可以避免冲突发生;还包括社会主义的国际主义,其认为全球工人阶级联合起来可以带来世界和平。最后,文化国际主义者相信通过跨越国界的文化交流可以促成国际合作,最终实现世界和平。

这种思潮首先兴起于英国和法国的知识分子团体中,随后传播到了美国和其他西方主要国家。文化国际主义观念深刻影响了美国的文化国际传播活动。首先,在文化国际主义思潮影响下,美国各大基金会和学术团体都开始建立自己的国际传播机构,美国文化国际传播的主体逐渐多元化。在传播内容和渠道方面,在英国教育家马修·阿诺德(Matthew Arnold)的影响下,文化国际主义者尤其重视以图书、图书馆和学术交流为渠道的精英文化的国际传播。在传播目标方面,文化国际主义者并不以打造本国良好国家形象为目标,而是通过双向文化交流加深国家间的相互理解,最终实现世界和平。

文化国际主义思潮在 20 世纪 20 年代深刻影响了美国文化国际传播的观念和策略。但在 20 世纪 30 年代"大萧条"和纳粹兴起的历史条件下,文化国际主义逐渐被文化国家主义取代。但其背后的国际主义精神被一代自称为"文化人"(cultural man)的知识分子继承下来。在随后数十年间,他们一直保有文化国际主义精神,坚信文化国际传播不应与权力政治相关。

入江昭一书中的"文化"沿用了雷蒙·威廉斯的定义,即"文化"一

[①] Iriye, Akira. *Cultural Internationalism and World Order*. Baltimore and London: The Johns Hopkins University Press, 1997, P. 4.

词一般用来描述"18 世纪以来思想、精神与美学发展的一般过程；一种特殊的生活方式（关于一个民族、一个时期、一个群体或全体人类）；关于知性的作品或活动，尤其是艺术方面的……上述第三种含义似乎是现在最普遍的用法，culture 是指音乐、文学、绘画与雕刻、艺术与电影。"雷蒙斯认为上述第三种含义似乎是现在最普遍的用法，文化（culture）是指音乐、文学、绘画与雕刻、戏剧与电影。①

但值得注意的是，即使在西方，"文化"这一概念也并非静止不变。因此，文化国际主义的内涵也随之不断变化。比如在 19 世纪下半叶，"文化"主要指科学研究、艺术创作和音乐表演等高雅的智力活动。此时文化国际主义指的是在欧洲和北美兴起的一股思潮，其试图通过国家间的学术和艺术交流创造一个更和平的世界。当时各类艺术展览会就是文化国际主义的明证。法国启蒙思想家卢梭曾经畅想欧洲范围内的文化国际主义，而在 20 世纪初，这场运动的目标则是将其扩展到欧洲和北美以外的其他地区。

19 世纪末 20 世纪初，"高雅文化"（high culture）一词开始与"文明"（civilization）的观念逐渐靠拢。弗兰克·宁科维奇在《现代性与权力》一书中提出，"文明与秩序，进步与现代化等同"②。换言之，文明与西方大国在科技和社会方面的进步有关。显而易见，文化国际主义在此历史语境中意味着信息和技术在西方内部的流动，非西方世界则被忽视。

而此时也正是亚洲及中东国家现代化进程的开启之时，它们竭力提升自己在文明国家序列中的位置。在当时的环境条件下，"现代化"在某种意义上就意味着"西化"，即采用西方的观念和技术。与之相伴，种族观念开始在西方国家中变得愈加流行。深受当时进化论和人类学的新发现影响，欧洲和北美开始夸大文化间的差异。在此种思潮之下，"文化"（cul-

---

① ［英］威廉斯：《关键词：文化与社会的词汇》，刘建基译，生活·读书·新知三联书店 2016 年版，第 152 页。
② Ninkovich, Frank. *Modernity and Power: A History of the Domino Theory in the Twentieth Century.* Chicago: *The University of Chicago Press*, 1994, pp. 8 – 10.

ture）和"种族"（race）的观念开始发生重叠。此时，文化国际主义开始面对种族之间差异的问题。

进入20世纪20年代，随着现代通信、交通和娱乐产业的快速发展，国家之间的界线日渐模糊。美国社会学家罗伯特·帕克（Robert Parker）曾经信心满满地预测"种族和文化（culture）会消失，而文明常在"①。在"一战"后较为乐观的国际环境下，种族和文化的多样性不再被认为是国际主义的障碍。国际法学者曼莱·哈德逊（Manley Hudson）甚至提出关于"单一世界共同体"的说法，不同民族可以共享文明的成果。他认为所谓"普世文明"终将弥合不同民族间的差异，"一战"前的种族主义问题也随之解决。

但是，在20世纪30年代，随着纳粹德国和其他法西斯国家的兴起，文化国际主义中的种族主义因素再次出现。同时，随着沃伦·苏斯曼（Warren Susman）等对文化史的研究进一步深入，"美国的生活方式"（American Way of life）②这一说法也开始愈加流行。此时的文化国际主义意味着国家之间通过各自的"生活方式"互相交往。无论在专制极权国家，还是在民主国家，民族共同体都生活在"意义之网"中。这种对于"文化"的重新阐释也使得民主国家把反法西斯战争定义为两种截然不同的"生活方式"之间的斗争。

第二次世界大战后，西方民主国家开始强调所谓"共同的人性"（common humanity），而前殖民地国家则由于民族主义的兴起而更强调"多元文化主义"。自1945年起，种族主义被暂时搁置，世界各国开始试图转向一种超越种族主义的国际主义。"文化"此时仍被多数人解读为"人们的生活方式"。因此，这段时间也出现了很多"国民性格"研究，其中尤以鲁思·本尼迪克特（Ruth Benedict）的《文化模式》（*Patterns of Culture*）一书最为著名。

---

① Park, Robert. *Race and Culture*. Glencoe: The Free Press, 1950, P. 151.
② Susman, Warren. *Culture as History: The Transformation of American Society in the Twentieth Century*. New York: Pantheon Books, 1984.

1960 年之后，亚文化研究开始崭露头角，此阶段的文化国际主义在国家疆域内外都需要一种真正全球化的交流网络。同时，前殖民地国家的去殖民化和国家建构进程也极大挑战了西方中心主义的文化定义，进而推动了多元文化主义的发展。但一种过分强调各国文化独特性的"本质主义"倾向也随之产生，使文化间的沟通变得愈加困难。因此，一种全新的文化国际主义观念变得愈加重要，其不能只强调跨文化的理解与合作，而应协调各国解决一些人类共同面临的环境、人权和人口问题。由此开始，文化国际主义开始与全球治理的内涵产生重合。

从国际关系理论视角来看，文化国际主义其实是理想主义在文化传播领域的表现。两者都对人性保有乐观态度，认为教育可以改变人性，并使不同国家的民众相互理解，最终通过构建一种共同文化或价值观的方式达成康德式的"永久和平"。这两种观念都源于对第一次世界大战惨痛教训的反思，一些政治家和学者开始尝试回归到欧洲 18 世纪的启蒙主义和 19 世纪的理性主义中寻求解决之道。他们强调通过道义和思想教育来唤醒人类的良知，坚信人性本是善良的，或是可以通过教育和环境变好。将此种逻辑延伸到国际关系中，他们认为民众教育水平提高可以改变国家的政治行为，最终使其放弃强权政治，建立集体安全。国际关系中的理想主义学派最有代表性的人物是美国第 28 届总统伍德罗·威尔逊，另外还包括英国的阿尔弗莱德·齐默恩（Alfred Zimmern）、大卫·戴维斯（David Davies）、诺埃尔·贝克（Philip Noel－Baker）、吉尔伯特·默里（Gilbert Murray）、大卫·密特雷尼（David Mitrany）和美国的约翰·霍布森（J. A. Hobson）、雷蒙德·福斯迪克（Raymond Fosdick）、尼古拉斯·巴特勒（Nicholas Murray Butler）、洛斯·迪金森（Goldsworthy Lowes Dickinson）和詹姆斯·肖特维尔（James Shotwell）。[1]

理想主义者认为战争的根源在于国际关系的体制不完善，而作为文化传播方式之一的教育可以使民众更加理性地思考，进而采用协商而非武力

---

[1] 倪世雄：《当代西方国际关系理论》（第二版），复旦大学出版社 2018 年版，第 32 页。

的方式解决矛盾。他们相信国家间的利益在整体上是和谐一致的，即使偶有冲突，也可以通过某种理性的中介得以化解。他们相信"国际联盟"就是解决国家间冲突的有效渠道。同时，他们还寄希望于舆论和道义，认为当一国的外交政策不符合国际公认的道德准则时，本国受过良好教育的公民就会对其政府施加舆论压力。

理想主义代表人物齐默恩认为，人性不分善恶，其主要问题是开化和教育不足。他还认为世界人民之间的理解和交往不是一个简单的人类行为标准问题，而是世界观的问题。政治在这个概念上，也就成了一种"理想事业"。齐默恩认为人类避免战争的公式是这样的：提高广大人民的教育水平——造成具有影响力的公众舆论压力——形成一种热爱和平的国际主义精神——人类避免战争。由此可见，齐默恩尤其重视教育在整个国际和平事业中的作用。他曾说，"教育年轻一代懂得如何理解和接受生活在同一个社会中的不同文化……只有在思想上成为了真正的世界公民，这个国际社会才会沿着健康、稳定的方向发展。"[①]

吉尔伯特·默里是美国著名的神学家和政治思想家，也是文化国际主义的重要代表人物。同齐默恩一样，他坚信智力交流可以使不同国家的民众摆脱狭隘的民族主义，建立一种情感联结：

"当一个科学工作者与同事讨论物理学或数学的一些新发现时；当一个绘画爱好者研究伦勃朗、委拉斯凯兹或米开朗基罗的画作时；当一个文学爱好者阅读《浮士德》《哈姆雷特》或《神曲》时，国籍的差异就会逐渐消失；剩下的就是面对人类最伟大作品时的兴趣和喜悦，以及不同民族的艺术家或思想家之间产生的亲密的同情心。"[②]

默里认为，伟大的科学或艺术作品，无论其创作者国籍如何，都会被以同样的方式欣赏。这就是人类统一性的根本所在。他曾经举过一个例子，第二次世界大战前夕，他在英国广播公司（BBC）收听一场音乐会，

[①] Zimmern, Alfred, "Liberty, Democracy, and the Movement Towards World Order", *Problems of Peace, Tenth Series: Anarchy or World Order*. London: George Allen and Urwin, 1936, P. 150.

[②] Murray, Gilbert. *From League to UN*. Oxford: Oxford University Press, 1948, P. 200.

意大利著名指挥家托斯卡尼尼（Toscanini）正在指挥一个英国乐队演奏贝多芬的交响曲。而在当时，英国对意大利和德国的敌意已经很深。但是，伦敦的观众对这场演出还是给予了热烈的回应。他们"沉浸在巨大的情感洪流之中"①，而这实际上是由国际智力和艺术合作产生的成果。

法国哲学家、国联智力合作委员会成员亨利·博格森（Henri Bergson）则更进一步。他将上述提及的不同国家人民的相互理解与政府重大外交政策联系在一起。他认为，"当不同国家理解彼此的所思所想，在战争与和平问题上它们也更容易达成一致"②。

总的看来，正如入江昭总结的那样，早期的文化国际主义者认为他们的观点并不是一种乌托邦的天真想象，而是一种抑制极端民族主义情绪的切实建议。③ 最终他们都相信当所有国家的民众发展出一种合作思维的时候，世界和平和秩序也会随之得以建立。而英国学派的代表人物之一莱纳德·沃尔夫（Leonard Woolf）也将这种思维称作"群体国际主义心理"（communal internationalist psychology）。④

国际关系中的英国学派与文化国际主义也有相似之处。英国学派最具代表性的人物赫德利·布尔（Hedley Bull）就指出，国际体系的续存和发展取决于其成员之间是否可以达成"共识"。这些共识关乎共同利益，也包括共同的价值观念。这种共识往往表现为一种世界性的文化（cosmopolitan culture），如共同的语言、哲学观或文学艺术传统。布尔认为这些都有助于国际社会成员之间价值观的沟通，进而增强共同利益的观念。但同时布尔也指出，世界性的文化不应占据主导地位，更不应淹没文化间的差异。当时占主导地位的西方文化应更多吸收非西方的成分，这样才

---

① Murray, Gilbert. *From League to UN*, Oxford University Press, 1948, P. 200.
② Iriye, Akira. *Cultural Internationalism and World Order*. Baltimore and London: The Johns Hopkins University Press, 1997, P. 57.
③ Iriye, Akira. *Cultural Internationalism and World Order*. Baltimore and London: The Johns Hopkins University Press, 1997, P. 10.
④ Wilson, Peter. *International Theory of Leonard Woolf: A Study in 20th Century Idealism*. New York: Palgrave Macmillan, 2003, pp. 44–48.

能具有真正的普世性，并且为一种全球性的国际社会提供一个赖以生存的基础。布尔还追溯了现代国际体系中的三种思想传统：霍布斯主义（Hobbesian）或现实主义传统，其把国际政治看作是战争状态；康德主义（Kantian）或世界主义（universalist）传统，认为有一个潜在的人类共同体在国际政治中发挥作用；格劳秀斯主义（Grotian）或者国际主义（internationalist）传统，认为国际政治产生于一个国际社会之中。① 显然，文化国际主义源自康德主义传统，其重视跨越国界的政治纽带，并试图将国际关系还原为人类共同体当中人与人之间的关系。与霍布斯主义者主张的"零和博弈"思维相反，康德主义者认为全人类具有共同的利益。国家统治集团之间的冲突是暂时的、表面的，全人类的利益应该是一致的。

二、文化国家主义观念下的文化国际传播

与文化国际主义正相反，文化国家主义认为以"思想共同体"构建世界和平是一种危险的"乌托邦"思想，民族国家的文化国际传播首先应满足国家利益。由于国家之间的利益无法调和，一国文化的国际传播往往在冲突和战争中成为一种武器。20 世纪 30 年代，纳粹德国在拉丁美洲等地区大肆开展的反美宣传活动就是典型例子。另外，在李普曼的《舆论》一书出版后，文化国际传播在引导国际舆论方面的作用开始得到重视。以美国为代表的西方国家一方面担忧其国家形象被抹黑，国家利益受损；另一方面也纷纷开始从事文化宣传活动。因受制于传统自由主义文化观，在珍珠港事件之前，美国政府并没有立刻开展文化宣传，而是以官方和民间合作的形式在拉丁美洲开展文化外交活动。从这个角度看，美国的文化外交本质上是美国自由主义文化观、文化国际主义思潮与文化国家主义转向在

---

① ［英］赫德利·布尔：《无政府社会：世界政治中的秩序研究》（第 4 版），张小明译，上海人民出版社 2015 年版，第 25 页。

具体历史条件下博弈与妥协的产物。1941年12月珍珠港事件后，美国正式加入第二次世界大战。经过文化咨询委员会的数次激烈讨论后，美国才完全把文化国际传播纳入国家外交政策框架。在当时战争状态下，美国的文化宣传活动旋即展开。

在策略层面，文化国家主义观念下的美国文化国际传播活动有以下一些特点。在传播主体方面，私人机构被美国官方外交机构逐渐替代：如公共信息委员会、文化交流处、美洲间事务合作办公室和战争信息办公室等。总体来看，美国政府在文化国际传播事务上的参与度逐渐提高，从曾经的协调者（coordinator）逐步转变为管理者。在传播内容方面，经济文化和大众文化也开始被纳入美国国际传播的"文化"范畴，其目标受众也转向普通民众。与拉丁美洲国家相比，美国在经济和文化方面都占有优势地位，因此曾经精英文化传播中的双向互动模式逐渐转变为美国文化的单向输出。与文化国际主义倡导的国家间相互理解不同，文化国家主义观念主导下的文化宣传以本国的国家形象与利益为出发点，而"文化"只是国家实现目标（national ends）的手段（national means）。

国际关系现实主义理论为文化国家主义提供了学理基础。首先，现实主义诸多理论家都质疑文化的跨国流动会带来世界和平的观点，认为其只是一种"乌托邦"式的美好想象而已。现实主义理论的奠基人爱德华·卡尔（Edward Carr）在代表作《20年危机（1919-1939）：国际关系研究导论》序言中指出本书"旨在反击1919-1939年间英语国家国际政治思想中明显且危险的错误，即，几乎完全无视权力因素"[1]。这种反击指向的则是以齐默恩和威尔逊为代表的理想主义思想家和政治家。

虽然没有直接论及文化国际主义，但我们可以从卡尔对理想主义"乌托邦"的批判推导出其看法。他认为，理想主义者被自己的愿望或目的影响了事实判断，他们过度关注规范性的"应然"，而不愿正视眼前存在的

---

[1] ［英］爱德华·卡尔：《20年危机（1919~1939）：国际关系研究导论》，秦亚青译，世界知识出版社2005年版，第7页。

美国文化国际传播观念与策略的历史建构（1917~1945）

"实然"。乌托邦与现实之间的对立首先在于，前者只思考世界应该是什么样子，而忽略了世界的过去和现在实际是什么样子；而后者只观察世界的过去和现在是什么样子，并从中推断出世界应该是什么样子。卡尔认为乌托邦与现实的对立在某些层面等同于自由意志和客观决定论之间的对立。乌托邦主义者必然是唯意志论者，坚信能够以激进的方式否定现实，并通过自己的理想替代现实；而现实主义者则是去分析一个事先决定了的事物发展过程，他是无力改变这一过程的。理想主义者关注的是未来，以创造性的想象建构思维；现实主义者熟知的是过去，以因果关系的方式进行思考。

卡尔还认为乌托邦与现实的对立也类似于理论与实践的对立。乌托邦主义者将政治理论视为规范（norm），而政治事件活动必须遵守这些规范；而现实主义者则把政治理论当作政治实践的归纳梳理。乌托邦主义者虽然自称意识到目的和事实是相互依存的，但实际上却将目的认作唯一有意义的事实，并常常以陈述事实的方式表达愿望式的思想。他随后指出知识分子主要依赖先验思维，他们对现实认识不清，也意识不到他们自己的标准是以何种方式根植于现实的。这也解释了为何理想主义思想家大多是人文主义知识分子，而现实主义思想家大多拥有实际外交或军事经验，或是偏向实证主义的社会科学研究者。

但是在上述略显机械的二元分类之后，卡尔试图用折中调和的方式得出某种"客观"的结论："一切健康的人类思维和行为都必须在乌托邦主义和现实主义之间、在自由意志和客观决定之间建立一种平衡……乌托邦主义的典型缺陷是思想的幼稚，而现实主义的典型缺陷是思想的贫瘠"[①]。

虽然没有直接论及文化跨国流动与和平的关系，但是透过卡尔对理想主义"乌托邦"的批评，其对该问题的态度可见一斑。虽然卡尔反对文化国际主义，但他却对信息跨国流动的另一种形式——国际宣传颇为重视。他认为国际宣传可以改变他国受众的态度，为本国的外交政策制造有利的

---

① [英] 爱德华·卡尔：《20 年危机（1919~1939）：国际关系研究导论》，秦亚青译，世界知识出版社 2005 年版，第 12~14 页。

国际舆论。控制国际舆论是权力的一种形式，可以作为国家对外政策的常用手段。由此可见，在现实主义认知框架中，文化国际传播的目标不是建立跨国思想共同体，而是说服，甚至在思想上控制他国民众，为本国外交政策服务。这种观念甚至可以追溯到基督教的天主教会，其首先发现控制大众舆论的重要性，并建立了第一个审查和宣传机构——圣道传信部。

首先，卡尔承认舆论在政治运行中的作用。他认为各种政治活动愈加依赖那些具有影响力的民众。虽然当时的民主国家和极权国家对待舆论的态度大相径庭，但它们都承认舆论是极其重要的。"心理战"是作为政策工具的宣传在第一次世界大战中的具体表现。卡尔还注意到在"一战"后的 20 年间，虽然表面上是一段和平时期，但许多政府却在开展宣传活动，力度甚至比战争期间还要大。而旨在影响国内外舆论的官方和半官方机构，也如雨后春笋一般在每个国家建立起来。

其次，虽然卡尔承认舆论的力量，但是他却深刻怀疑这种信息的跨国流动是否称得上真正的"国际"宣传。他认为国际舆论在没有国家权力的支持下几乎无法发挥作用。他举例认为，犹太复国主义在只依靠国际宣传的年代里毫无政治作为可言，但在得到大国的政治支持后，就发挥了作用。由此可见，宣传只有在得到国家支持，并与国家的军事经济实力结合起来的时候，才能够成为有效的政治力量。

国际联盟成立后，伍德罗·威尔逊和罗伯特·塞西尔都认为其应成为各个国家民众舆论的表达平台，以此限制各国政府的军事和经济力量。而国际舆论是至高无上的权力工具，其必须通过超越国家边界的国际宣传建立起来。但是，卡尔却认为在整个 20 世纪 20 年代，国际舆论的力量被严重高估了。国际联盟中的理想主义者一直坚持使用诸如"和平"和"裁军"等口号。卡尔认为这些口号之所以得到普遍认同，是因为它们对于不同的人来说具有不同的甚至是相互矛盾的意思。裁军大会失败之后，大家都清楚地看到，国际联盟只有在被最强大国家当作工具的时候，才能发挥作用。而支持国际联盟的舆论也全然不再具有国际性质，而是成为某些国家的舆论，因为这些国家可以利用国际联盟实现本国政策。

现实主义另一位代表人物汉斯·摩根索在其名著《国家间政治》中曾经批判通过文化途径构建世界共同体的想法。他首先以《联合国教科文组织章程》为例，指出该组织假定，教育（特别是以国际理解为目标的教育）、文化交流，以及有利于增加不同国家成员间接触、促进相互理解的所有活动，都必然会促成国际社会的建立，并有助于维护和平。这一假定暗示，国家之所以具有民族主义倾向并在彼此之间发生战争，是因为彼此间不了解，以及彼此的文化教育水平不同。他认为这两个假定都是错误的。

与齐默恩等理想主义学者完全相反，摩根索认为一国好战与否和该国公民的教育水平并不相关。完全缺乏制度化教育的原始民族往往是爱好和平的，也容易在文化上被同化；而如日耳曼民族、伯利克里治下的雅典和文艺复兴时期的意大利文化昌盛，但却民族主义情绪高涨且好战。而在法国和英国这样的国家，排他性民族主义和好战政策与世界主义及爱好和平的政策交替出现，而这也与教育和文化的发展毫无关系。[①]

通过上述例子，摩根索想要表明教育和文化的质量与世界共同体毫无关系。世界共同体问题的解决与知识、艺术作品和文化价值高低无关，而是有赖于道德和政治的转变。

文化国际主义者主张通过跨国文化交流建立一个全球的"思想共同体"，并期望其可以带来世界和平。但摩根索却认为，跨越国界的知识和艺术交流不会给世界共同体带来任何好处。与文化国际主义者不同，他眼中的"具有政治潜力"的共同体是一个道德标准和政治行动的共同体，而不是知识和感情的共同体。他举例指出，美国的知识界精英欣赏俄国的音乐和文学，苏联的舞台也没有禁止莎士比亚剧目的演出，但这种共同的审美体验并无法驱动不同国家的成员采取任何共同的政治行动。总之，超越国家的知识和艺术经验也许能制造出一个转瞬即逝的感情上的共同体，但绝对无法创立任何能够使人们抛弃固有忠诚感的政治行动共同体。

[①] ［美］汉斯·摩根索：《国家间政治：权力斗争与和平》（第七版），肯尼思·汤普森、戴维·克林顿修订，徐昕、郝望、李保平译，王缉思校，北京大学出版社 2006 年版，第 546 页。

摩根索回顾历史，指出许多在文化上具有相似性的国家之间也发生战争。如希腊城邦间的战争、中世纪的欧洲战争、文艺复兴时期意大利的战争、16 世纪和 17 世纪的宗教战争，都是在同质文化的框架内进行的。这些文化都共享一些基本的要素：语言、宗教、文学和艺术，但其并没有创造出一种和平的共同体。摩根索进一步质问，目前各国文化如此多样，我们又怎么能期望通过文化间的交流创造出一种共同体来呢？

文化国际主义者坚信跨国的文化交流必然会带来一种"国际理解"，而这也是和平的必要条件。摩根索则认为国际冲突并不是知识贫乏的结果，更不是对于其他民族的品质无知和缺乏判断的结果。他诉诸个人经验，指出友谊和理解并不是同步增长的。举例来说，许多人从一开始就坚决反对德国纳粹的外交目标，甚至不惜冒战争的风险。他们中间有些人对德国文化有着深刻的了解。正是由于这种了解，他们才成为德国国家社会主义政权的坚定反对者。摩根索以此指出文化国际主义者对于国际事务的另一个认识错误，即造成国际冲突的问题实际上产生于误解，冲突的问题是想象出来的，国与国之间实际上没有真正值得大动干戈的问题。他坚定地指出这种看法是一种重大谬误，并指出希腊人和波斯人、雅典人和马其顿人、犹太人和罗马人、拿破仑和欧洲之间以及希特勒和全世界之间的争执根源并不是误解，而是实际的利益。

概括起来，摩根索认为能够达成世界和平的共同体应该是道德和政治的共同体，而这不是知识普及和艺术欣赏能够解决的问题。在民族国家为主要行为体的世界中，只要人们继续按照国家的而不是超国家的标准和忠诚来判断与行动，世界共同体就仍将是有待实现的设想。

与摩根索类似，地缘战略学家尼古拉斯·斯皮克曼也曾经明确地驳斥文化国际主义观念。在 1942 年出版的《世界政治中的美国战略：美国与权力平衡》一书中，他曾经结合历史，评估了文化国际传播对于改善美国与拉丁美洲国家关系的作用。他认为，美西战争、"大棒政策"与"金元外交""门罗主义"及罗斯福推论等大国沙文主义外交政策都影响了美国在拉丁美洲的形象。拉丁美洲国家对美国的怀疑并非来自误解，而是由于这些国家非常了解美国。与摩根索一样，斯皮克曼也否认文化和艺术的跨国传播会必然产生积极的政治影响。他尖锐地指出，"意识形态和文化宣传并不能改变他们的想法。强制学生学习爱默生、朗费罗和马克·吐温并不能让拉丁美洲原谅和忘记'北美的帝国主义'"①。

1936年12月在布宜诺斯艾利斯召开的泛美会议上，美国提出通过政府间合作推动美洲国家间文化交流的倡议，并签署了《促进美洲间文化关系公约》。该公约详细规定了美国与拉丁美洲国家大学之间定期开展学生和教授交流活动。两年后，美国历史上第一个官方文化国际传播机构——"文化关系司"成立，其隶属于国务院，重要任务就是协助开办艺术展览，鼓励美国与拉丁美洲各国翻译各自国家知名的文学作品，并开展一切有助于文化合作的活动。

但是，斯皮克曼却认为此类文化宣传在经济和政治上的实际效果微乎其微。在经济上，"甚至也没能卖掉一辆摩托车和一台电冰箱。拉丁美洲对美国的恐惧和怀疑近年来有所缓解，但原因绝不是文化理解，而是我们'睦邻友好政策'传达的对拉丁美洲的态度转变"②。显然，斯皮克曼认为文化国际主义观念本身存在因果倒置的逻辑谬误。

斯皮克曼还批判了文化国际主义的精英主义倾向。以美国在拉丁美洲的文化传播为例，其最初只针对拉丁美洲的知识分子阶层，内容也以文化和教育交流为主，试图增进双方精英人群在文化层面上的互相理解。斯皮克曼认为这种策略其实是错误的。与摩根索的批判路径相同，斯皮克曼也认为文学和艺术的交流也许会创造一种共同的审美体验，但其产生的政治效果非常有限。美国在拉丁美洲需要的是一场赢得头脑和人心的意识形态战争，而文化交流在这方面收效甚微。

历史也似乎印证了斯皮克曼的看法。美国政府也在随后发现意识形态

---

① ［美］尼古拉斯·斯皮克曼（Nicholas Spykman）：《世界政治中的美国战略：美国与权力平衡》，王珊、郭鑫雨译，上海人民出版社2018年版，第231页。

② ［美］尼古拉斯·斯皮克曼（Nicholas Spykman）：《世界政治中的美国战略：美国与权力平衡》，王珊、郭鑫雨译，上海人民出版社2018年版，第232页。

宣传不一定只有文化路径，将文化宣传与经济合作结合起来也许更有效果。因此，罗斯福总统下令成立了"美洲间商业与文化关系合作办公室"，将商业和文化宣传绑定在一起。

总体来看，卡尔、摩根索和斯皮克曼三位现实主义代表人物都认为，以文化友好的方式建立政治合作是一种逻辑谬误。首先，从根本上说，认为两个截然不同的人可以通过相互了解而喜欢对方，这种想法是错误的，也一再被现实生活所否定。其次，也没有任何证据证明，在国际权力政治中，国家合作源于人民的相互好感。在他们看来，国家联盟的建立源于均势原则，而不是任何思想或者道德的共同体观念。

一言以蔽之，现实主义主张一种典型的文化国家主义观念：不是相互理解决定政策；而是政策决定相互理解。但冷静观之，在其貌似因果明晰的表象背后其实是一种机械化的思维方式。在一个国家之间依赖程度逐渐加深，多种行为主体深刻影响外交政策的时代，国家间的相互理解可以为外交政策制造较好的舆论环境；而外交政策的制定和实施也影响着民众之间的相互认知。两者并不是一种"决定"关系，而是一种"相关"关系。

三、文化外交与文化宣传——折中观念与现实策略

从客观上看，纯粹意义上的文化国际主义和文化国家主义作为两种"理想类型"在现实世界中并不存在。文化国际主义强调传受国家地位的绝对平等，传播内容的非政治性，并以达成传受国家的相互理解为终极目的。但在现实世界中，一国的文化国际传播往往由其政府机构参与甚至承担，因此其对外传播的文化内容背后难免含有国家主导的意识形态；在传播效果方面，国家间的相互理解必然为其外交政策的实施创造有利环境。因此，文化国际传播的各个环节都无法完全"去政治化"。

与上述逻辑类似，文化国家主义主张一国的文化国际传播活动由其政府机构承担，并完全服务于国家利益；传播过程中信息单向流动，传受两国处于二元对立状态。但在现实传播活动中，信息流向与最终传播效果都

难以预先控制，而且作为传播内容的政治宣传品也总含有一些"文化"成分（见表2-1）。

表2-1　　　　　　　　　　文化国际主义与文化国家主义

传播观念	传播主体	传播内容	信息媒介和流向	效果期待
文化国际主义	私人机构（学术、慈善）	文学、艺术等精英文化（idea）	图书、展览和学术交流等双向互动	国家间互谅，世界和平
文化国家主义	政府机构（国务院等）	政治宣传品（ideology）	以电台为代表的单向传播媒介	国家形象，单一国家利益

在现实世界中，文化国际传播往往是以上述两种"理想类型"的折中产物——文化外交与文化宣传的形式出现的。前者指由政府发起的，私人力量参与的对外文化与教育交流项目，旨在增进国家间的相互理解，培育国际善意，树立国家良好形象，传播一国的文化和价值观。文化外交主要着眼于长远的政治目标，即促进相互理解和培育国际善意，而不是短期的政策目标。主要通过慢媒介（slow media），如学生、学者和文化领袖之间的交流，艺术展览以及书籍交换等来产生潜移默化的影响；对象是外国的精英阶层。随着信息技术的发展，文化外交也越来越针对大众。文化外交的目标无疑是政治性的，但其方法是非政治性的：思想和人员之间的自由交流。文化外交的提倡者相信，让其他国家的人民到本国来了解本国社会，以及让本国文化人士到海外展示本国人民的面貌就是对国家的最好宣传。文化外交注重的是知识的交流而不是对方情感和态度的转变，其基本预设是国家间越是相互理解，就会越支持对方的对外目标，越同情对方的行动。同时文化外交强调互惠性而不是单方面文化输出，试图通过文化交流借鉴其他国家的思想和文化成就。

而文化宣传[①]则指那些由国家完全控制的单向文化和价值观的输出活

---

① 本书讨论的文化宣传（cultural propaganda）不同于战争中以释放假消息而达成战略目标的"信息战"（information war）和"黑色宣传"（black propaganda）。文化宣传的目标自然是政治性的，但其传播的内容仍然是以"文化"的形式承载，也着眼于较为长期的传播效果。

动。文化宣传着眼于短期政治目标，因此主要通过快媒介（fast media），如电台、电视台和电影等。文化宣传一般针对外国普通民众，其目标是政治性的，方法也是通过一国文化内容的单向流动影响他国受众，改变对方的情感和态度，塑造舆论。文化宣传的传播内容是"文化"的，但其效果预期和传播手段决定了其"宣传"的本质。

需要指出的是，文化外交和文化宣传在本书的分析框架中扮演一种承上启下的中介角色：两者既是一种介于文化国际主义与文化国家主义之间的本体和目的层面的观念，又同时是一种建构传播策略的工具层面的观念。前者解决的是"文化外交/文化宣传"究竟"是什么"和"目的何在"的问题；而后者解决的是"如何做"的问题。

第四节
相关研究文献综述

由于本书采用了"文化国际传播"这一分析概念，因此文献综述部分包含了美国文化外交（公共外交）和文化宣传的相关文献。同时，由于本书采用了"历史建构"的视角来分析1917~1945年的美国文化国际传播史，此视角将历史看作一个不可分割的整体。因此，虽然本书重点梳理1917~1945年的相关文献，但也简要提及了分析时段前后的一些重要相关文献。

首先，在分析框架方面，王立新教授的《试析全球化背景下美国外交史的国际化与文化转向》为本书跳出既有的"外交"解释框架，转而采用"历史建构"的框架提供了重要理论启发。第一，王立新在文中指出了传统的现实主义和进步主义"外交史"范式的危机。他指出现实主义范式专注于国家的行为，又把国家的行为简约成决策精英的政策，忽略了国家以外的行为体，包括国际性政府间组织、非政府组织、团体和个人在"冷战"后国际事务中的作用。本书通过梳理史料发现早在"冷战"之前就已经有大量的非官方组织从事美国文化国际传播活动（如传教士、慈善基金会以及学者等）。而且他们的目标往往不是国家利益，这就与"外交"的概念相悖。因此，现实主义的外交范式并不适用于本书的分析。

第二，王立新认为现实主义范式误以为国家为自在之物，独立于社会之外，而没有看到国家就在社会之中，国家作为一种权力结构，深受社会、经济和文化的影响。进步主义范式看到了社会的力量，虽然可以弥补现实主义范式的不足，但它关注的仍然是国家的政策，只不过把政策的形成归结为美国社会内部的力量。而实际上，越来越多的国际事务不受国家政策的左右。这启发了本书在研究美国文化国际传播观念和策略时不局限于官方政策层面，而同时关注社会和个体层面。

第三，无论是现实主义范式还是进步主义范式，都没有对国际关系中的文化现象给予足够的关注。随后王立新指出了近年来美国外交史研究的国际化和文化转向两种潮流。前者使美国外交史的研究更加重视多国视野，以及对国际关系中越来越活跃的非国家行为体的关注；而后者则从过去强调权力与利益的物质主义解释转向文化的解释。

其次，从具体的研究内容来看，国内对美国文化国际传播史的研究主要分成四个阶段：第一个历史阶段是"9·11"之后的美国国际传播研究阶段。2002年，中国人民大学博士王宏伟在《国际论坛》上发表了《"9·11"后的美国公众外交》，其中回顾了"一战"期间美国总统威尔逊成立的"公共信息委员会""二战"期间罗斯福成立的"对外信息服务局"和"美国之音"电台以及1953年成立的"新闻署"，但是他只关注到了政治宣传的部分，而没有注意到文化国际传播的发展和演进。同样关注"9·11"之后美国国际传播研究的还有北京大学国际关系学院的李忠斌，他于2011年3月在《当代世界》上发表了《"9·11"事件后美国公共外交的争论与进展》一文，其中论及美国公共外交形式的历史转变，引用杰弗里·柯安和阿梅里·阿森诺尔特的观点，将公共外交分为三个层次："独白""对话"和"合作"，并指出"独白"作为一种单向交流曾在"冷战"期间作为美国公共外交的一种主要形式，而"对话"属于"双向"和

第二章　相关概念界定与文献综述

"多向"的交流。1997年美国新闻署正式改变职能，将"对话放在活动中心"[①]，这三种层次的分类方法注意到了历史对于美国国际传播策略的建构。该文还引用了尹善云和伊丽莎白·托斯的观点，基于现实主义和国际自由主义角度从理论上探讨国际传播的演变和内涵。[②] 此种方法对本书分析美国在1917~1945年之间国际传播的演变过程很有启发。

第二个历史阶段是从"冷战"结束到"9·11"事件这一时段。"冷战"结束之后美国政府出于预算的考虑，大幅削减了对美国国际传播的经济资助，美国的国际传播发展进入了低潮期。国内专门研究此段历史的文章不多，东北师范大学李晓晓的博士论文《从冷战结束到"9·11"事件——克林顿政府时期美国公共外交政策研究》是其中比较全面的。在回顾"公共外交"历史的时候，作者指出"公共外交实践历史源远流长，但含义定义和专门研究时间不过短短几十年。直到斯坦顿委员会报告（Stanton Commission Report）的发表和卡特对美国新闻署的改组，公共外交才作为一项外交议程确立下来。斯坦顿委员会报告促成了美国国务院教育与文化事务处与美国新闻署的合并。'新'美国新闻署履行公共外交职责……至此，公共外交研究就涵盖了宣传和公共外交关系的激烈争论、公共外交中政治和文化组成部分的冲突……"[③]。本书通过查阅历史文献发现文中提到的"宣传和公共外交关系的激烈争论"，及"公共外交中政治和文化组成部分的冲突"早在1965年"公共外交"被提出之前就已经存在。而本书力图还原的正是历史中国际传播观念的嬗变和其中文化和宣传部分的博弈。这篇论文的主体部分还包括了"二战"后和"冷战"早期的国际传播的演变，对本书也有参考价值。

[①] 李忠斌：《"911"事件后美国公共外交研究的争论与进展》，载于《当代世界》2011年第3期。

[②] Seong-Hun Yun and Elizabeth L. Toth, "Future Sociological Public Diplomacy and the Role of Public Relations: Evolution of Public Diplomacy". *American Behavioral Scientist*, 2009, Vol. 53, No. 4, P. 493, 503.

[③] 李晓晓转引自 Ali Molenaar. *Literature on Public Diplomacy*, Library and Documentation Center, Clingdael Institute, January 25, 2012, www.clingendael.nl/library.

第三个历史阶段是美苏"冷战"期间。东北师范大学的郭又新在2003年的博士论文《穿越"铁幕":美国对"苏东"国家的冷战宣传(1945－1963)》中提出"国际信息行动"和"公众外交"是一种委婉的说法,其实质依然是宣传。在之后的论文的后续部分他集中研究了该段时间内美国政府对苏东地区的宣传活动。本书研究的时间段与此论文有重合的部分,但是本书专注于国际传播的文化部分。

在具体的文化国际传播案例方面,包括东北师范大学常贝贝2015年的博士论文《冷战初期美国的心理战与海外图书项目(1945－1961)》和2010年发表在《东北师范大学学报》(哲学社会科学版)上的《冷战初期美国的海外图书馆项目与心理宣传战》。两篇论文研究的海外图书和图书馆项目特指的都是心理战层面的项目,显然属于国际传播中政治宣传的部分,而本研究中则更关注文化交流的部分。胡腾蛟在2016年4月发表在《中南大学》(社会科学版)的《文化冷战背景下美国图书的海外传播与国家形象塑造》一文则提及了美国图书的早期国际传播,尤其提到1917年美国"公共信息委员会"在希腊成立的图书馆,和1927年美国在拉丁美洲的一些国家成立的小型双边图书馆(binational libraries)。它们主要被用于学术和文化研究。另外他还提到"二战"期间美国在拉丁美洲地区和西半球以外的地区设立的国际图书馆,并且分析了所谓"文化自由主义"与图书输出之间的关系。这与本书关注的美国"文化国际传播"的形成与历史建构有密切的关系,也同时为个案研究提供了写作线索。

胡腾蛟2013年的武汉大学博士论文《冷战时期美国公共外交与国家形象塑造》中较为详细地回顾了美国公共外交从"一战"到"冷战"初期的发展历史,对本研究也很有帮助。东北师范大学崔建立的博士论文《冷战时期富布莱特项目与美国文化外交》中比较全面地回顾了国内国外关于文化外交的研究成果,对本研究的资料搜集提供了参考。武汉大学陈永贵的2014年的博士论文"冷战心理宣传视域下的美国海外学生项目研究(1945－1961)"中"海外学生交流的缘起与使命变迁"一节回顾了该项目从早期承担宗教使命,到20世纪30年代末至"二战"结束,美国政府逐步把海外学生交流纳入美国文化外交轨道的过程。而后又分析了该项目的冷战转型。这种关注文化外交项目和国家利益之间关系的分析路径对本书研究也很有启发。

广东外语外贸大学的胡文涛2007年发表在《史学集刊》上的《冷战期间美国文化外交的演变》回顾了美国文化外交演变的过程以及机制变革与"冷战"工具的形成，其中提及了所谓的"真理之战"（Campaign of Truth）和管理所有新闻项目的"美国新闻署"。文中还提及了1955年美国国务院将海外文化教育交流项目的日常管理任务交给了新闻署，由于新闻署的核心任务是组织实施美国政策的对外宣传，所以当文化外交被纳入该署之后，它就基本上成了美国政府对外宣传的辅助手段。[①] 这对本书研究确定文化外交演变的时间节点很有助益。文中还分析了美国文化外交演变的缘由及其对这种演变的反思，都对本研究有所启发。

第四个历史阶段是美国"二战"之前的文化国际传播研究。其中较有代表性的是王晓德的《拉丁美洲与美国文化外交的起源》一文。这篇文章将美国文化国际传播的起源追溯到了托马斯·杰弗逊1785年给詹姆斯·麦迪逊的一封信，信中杰弗逊为自己在巴黎频繁参与文化艺术活动辩护，宣称此种做法可以改善美国人的形象，提高国家声望，为美国赢得世界的尊重和赞扬。美国学者辛西娅·施耐德就认为这封信是对美国文化外交的一个很好的表述。[②] 文中还用具体的史实回顾了托马斯·潘恩和本杰明·富兰克林对美国文化外交的探索。文中提供了1900年美国政府资助古巴教师在哈佛大学学习英语的史料以及1907年美国将"庚子赔款"的剩余部分退还中国用于教育发展的例子。这些都有助于本研究厘清早期美国国际传播的历史线索。文中还细致地回顾了美国对拉丁美洲的文化国际传播历史演进，为本书分析美国对拉丁美洲国家文化外交提供了素材和线索。胡文涛在2007年的《美国早期文化外交机制的构建：过程、动因及启示》一文中也回顾了这段历史，他还注意到了"外交决策者现实利益的追逐和教

---

① 胡文涛：《冷战期间美国文化外交的演变》，载于《史学集刊》2007年第1期。
② Cynthia P. Schneider, "Cultural Communicates: Diplomacy that Works", No. 94, September 2004 P. 1, https://www.clingendael.org/publication/culture-communicates-us-diplomacy-works.pdf.

育文化界理想愿望的祈求之间的较量使得机制建构过程复杂，但相对成熟"①。这与本书想要还原的美国文化国际传播演进中各方的争论非常相关。他还引用文化外交史学家弗兰克·宁科维奇的观点，认为美国人对"官方文化"历来比较反感，对文化的政治控制有根深蒂固的敌视，所以他们从来就没有从整体上接受政府与文化和信息有紧密的联系。

与本书相关的国内文献还包括了从其他角度宏观分析美国文化国际传播历史的文章。其中李智和萨其尔的《国家资源软权力化的路径分析——一个传播学的视角并以美国为例》②和胡文涛的《解读文化外交：一种学理分析》③对本研究也都有启发。李智和萨其尔在文章中指出美国大众文化的全球传播是其软实力的重要来源；而胡文涛的文章尝试从学理上定义文化外交，并且将其属性归纳为相互性（mutuality）、长期性（long-term orientation）与诚实性（integrity），这对本书的个案选择颇有帮助。2016 年，《美国研究》第 3 期上刊登的吴白乙的《文化外交：历史、现实的审视与思考》中回顾了英法两国的文化外交历史，对拓展本研究的视角有所裨益。外交学院廖宏斌 2005 年的博士论文《文化、利益与美国公共外交》对本书的研究方法很有借鉴意义。而东北师范大学的董小川教授 2016 年的专著《美国对外文化事务机构的历史变迁（1917 – 2010）》对美国对外文化事务机构一个世纪的历史变迁进行了系统而又全面的回顾、整理和认识与分析，对政府独立机构新闻署、国务院教育与文化事务局等 70 余个对外文化事务机构进行了介绍和解读，对 20 世纪美国文化外交的基本特点进行了比较透彻的分析，对美国对外文化事务机构的效用、价值和存在的问题进行了比较深入的探析。该研究对于本书梳理机构变迁非常有帮助。

国内其他与本书相关的文献还包括韩召颖的《输出美国：美国新闻署与美国公众外交》和胡文涛的《美国文化外交及其在中国的运用》。前者

---

① 胡文涛：《美国早期文化外交机制的构建：过程、动因及启示》，载于《国际论坛》2005年7月。
② 李智：《国家资源软权力化的路径分析——一个传播学的视角并以美国为例》，载于《现代传播》2011年第8期。
③ 胡文涛：《解读文化外交：一种学理分析》，载于《外交评论》2007年6月。

专注于美国新闻署的历史，研究的历史时段上虽与本选题不同，但是文献回顾和研究方法上也有可借鉴之处。而胡文涛的专著中对文化外交的定义以及对国际关系理论的借用都为本研究提供了思路，但是在分析的历史时段和个案选择上与本研究都有所区别。2015年北京大学王立新教授的《踌躇的霸权：美国崛起后的身份困惑与秩序追求（1913－1945）》为本研究提供了宏观背景史料借鉴，其中第七章"传播美国生活方式：美国文化输出与全球秩序"中分析了自"公共信息委员会"建立到第二次世界大战期间美国文化国际传播的变迁。类似的研究成果还包括王晓德的《文化的帝国：20世纪全球"美国化"研究》，其第四章"战后美国文化外交与全球'美国化'"也为本书撰写美国在拉丁美洲国家的文化国际传播活动提供了重要参考。

在英文文献方面，对本书梳理1917～1945年美国文化国际传播史料方面最有帮助的是理查德·阿恩特（Richard Arndt）的 *The First Resort of Kings: American Cultural Diplomacy in the 20th Century*[①]（国内尚无译本，一般翻译为《国王的第一手段：20世纪的美国文化外交》）。作者以一个前任文化外交官的身份回顾了美国从第一次世界大战开始到当下的文化国际传播史。其中作者详细地回顾了1917～1945年期间美国国际传播机构的变迁、人员的更迭和文化外交项目的变动。但更重要的是作者解读了在此期间美国文化国际传播观念的变化。虽然这部著作在文体上接近于回忆录，但是却遵守了学术写作的基本规范，提供了详尽的引用来源，为本书写作提供了重要的史料参考。但该书缺乏逻辑分析框架，只是按照时间顺序铺排大量细节。类似的专著还包括贾斯汀·哈特（Justin Hart）的《思想的帝国：公共外交起源和美国外交政策转型》（*Empire of Ideas: The Origins of Public Diplomacy and the Transformation of U. S. Foreign Policy*）和迈克尔·克莱恩（Michael L. Krenn）的《1770年以来的美国文化外交史》（*The Histo-*

---

① Arndt, Richard T.. *The First Resort of Kings: American Cultural Diplomacy in the Twentieth Century*, Dulles, va: Potomac Books, 2006.

ry of United States Cultural Diplomacy: 1770 to the Present Day)。

在关于此段历史中美国文化国际传播不同的观念与策略之间的张力方面，悉尼大学萨拉·格拉汉姆（Sarah Ellen Graham）的《文化与宣传：美国公共外交的进步主义起源：1936–1953》（Cultural and Propaganda: The Progressive Origins of American Public Diplomacy 1936–1953）[1]是最具代表性的文献。作者主要研究了在这个公共外交起源时代，美国文化宣传工作的独特形态：把宣传视为新闻传播；把文化外交视为文化互惠交流。作者分析了此种工作哲学内在的张力和相关争论：外宣到底是宣传还是新闻？文化外交到底是双向互惠交流还是单向传输？美国文化外交是如何形成的，对"冷战"外宣有何影响？作者在文中通过史料反映出了这种张力，并将其成因追溯到了美国进步主义运动。作者认为1953年美国新闻署的成立标志着美国不再争论是否应该从事海外宣传，而文化外交也被宣传所"驯服"。此种"张力"在本书的分析中也有所提及，但本书更关注美国文化国际传播的形成和演变历史，以及这种演变与具体历史中美国的国家利益之间的关系。本书认为进步主义思潮只能部分解释文化外交与政治宣传的争论，但同时也必须结合具体历史中的国家利益变动。

在分析框架和视角方面，美国历史学家入江昭的《文化国际主义与世界秩序》（Cultural Internationalism and World Order）详尽分析了文化国际主义运动的思想起源和历史演进，为本书建立一种长时段历史分析框架提供了重要参考。而英国学者米切尔（J. M. Mitchell）的《国际文化关系》（International Cultural Relations）一书中"Beyond Diplomacy"一章提及了文化外交与"文化关系"之间的异同，为本书逻辑框架的建立提供了重要启发。同样对文化外交这一概念中的张力有所分析的还有文化研究学者洪美恩（Ien Ang）等人共同撰写的《文化外交：超越国家利益》（Cultural

---

[1] Graham, Sarah Ellen. *Culture and Propaganda: The Progressive Origins of American Public Diplomacy, 1936–1953*. Surrey: Ashgate Publishing Limited, 2015.

Diplomacy: Beyond the National Interest?)。①

美国历史学家宁科维奇（Frank Ninkovich）的《思想的外交：美国对外政策和文化关系：1938－1950》(*The Diplomacy of Ideas: U. S. Foreign Policy and Cultural Relations 1938－1950*)② 细致分析了美国如何通过建立文化关系的方式与他国相处。该书将美国文化国际传播的历史追溯到了"一战"之前，那时致力于慈善的志愿者就试图通过观念的自由交流来促进国家间的合作和互相理解。作者认为1938年成立的文化关系司是美国第一个官方文化国际传播管理机构，而1950年成立的"文化自由委员会"则标志着关于文化国际传播的争论结束，至此，文化国际传播开始服务于政府的外交目标。

美国历史学家艾米丽·罗森博格（Emily Rosenberg）的专著《美国梦的散播》（*Spreading the American Dream*）③ 为本书研究开拓了历史视野。作者以"美国梦"的形成和传播为线索将从哥伦布时代到"二战"后的美国史重新阐释了一次。该书第十章"Cultural Offensive: 1932－1945"中详尽分析了当时美国建立的文化和信息管理机构。另外本书试图将美国文化国际传播的形成和演进放置到宏观历史背景当中，因此上述著作提供了诸多历史线索。同样梳理宏观历史背景的著作还有迈克尔·亨特（Michael Hunt）的《美国的崛起：美国如何获得并利用全球主导地位》(*The American Ascendancy: How the United States Gained and Wielded Global Dominance*) 和入江昭的《剑桥美国对外关系史（第三卷）：全球化中的美国：1913－1945》(*The Cambridge History of American Foreign Relations Volume III The Globalizing of America, 1913－1945*)。

---

① Ien Ang, Yudhishthir Raj Isar and Phillip Mar, "Cultural Diplomacy: Beyond the National Interest?" *International Journal of Cultural Policy*, 2015, No. 21, pp. 4, 365－381.

② Ninkovich, Frank. *U. S. Foreign Policy and Cultural Relations 1938－1950*. Cambridge: Cambridge University Press, 1981.

③ Rosenberg, Emily S.. *Spreading the American Dream*. Toronto: McGraw－Hill Ryerson Ltd, 1982.

第五节
本章小结

本章首先界定了本书涉及的重要概念。本书分析的"美国文化"主要指的是美国在1917~1945年期间通过非商业性质体制化的行为主体向外传播的文化内容，其中包含文学、绘画和音乐等高雅文化；爵士乐、舞蹈、电影、体育等大众娱乐形式；家居用品、食品、饰件等日常生活用品；宗教、哲学和语言等抽象文化形式；对待工作、娱乐、金钱和战争的态度；具有社会学意义的技术发明，如机械化生产方式、统计方法以及大规模流水生产线；以及美国组织政治、社会和经济的方式。需要指出的是，"非商业性质体制化"的行为主体不仅包括政府机构，还包括以慈善基金会和学术团体为代表的私人机构。

其次，本章还界定了作为核心概念的观念与策略，并借助新自由制度主义理论厘清了两者的逻辑关系。本书讨论的观念包括三种观念范畴：世界观、原则化信念和因果信念。而观念通过三条路径影响外交策略：观念作为路线图、观念作为焦点和粘合剂，以及本书主要分析的观念制度化路径。在社会生活中，所有三方面的观念都可以连接起来，形成彼得·哈斯及其他学者所研究的"认识共同体"。

最后，本章借助马克思·韦伯"理想类型"的概念分类方法，提出一种暂时悬置价值取向的工具化的"文化国际传播"概念，进而将这一工具化概念的价值取向在相反的两个维度放大和突出，由此得到文化国际主义和文化国家主义两种"理想类型"，以及作为一种观念折中和现实策略的文化外交和文化宣传概念。依据此种分类方式，本章对相关重要概念涉及的文献进行了整理与归纳。

第三章

美国文化国际传播观念与策略的历史溯源

虽然本书的研究对象是1917~1945年间的美国文化国际传播活动,但自殖民地时期以来,美国就一直从事文化国际传播活动。当时处在形成期的以盎格鲁·撒克逊清教文化为主体的美国文化正是通过与欧洲文化的互动才构建出了"自我"。在此过程中,一些深刻影响美国文化传播的观念传统也陆续出现:源自基督教世界观的"美国例外论"成为美国文化对外传播的动力之一;自由主义和孤立主义传统成为"原则化信念",建构出了美国联邦政府介入文化事务的审慎态度。除了宗教观念和政治哲学之外,美国建国时期的一些政治家和非官方机构的早期文化国际传播活动也对之后的相关实践有深远影响。因此,梳理并分析美国文化国际传播早期行为体的观念与策略非常必要。

从历史建构的视角出发,美国文化国际传播史是一个连续的整体。"历史的连续性"指的是叔本华在《作为意志和表象的世界》中所提及的"历史中本质性的东西从不会变,变化的只是历史中人物的姓名和年份",因此希罗多德式的对历史的精细研读对于之后历史的哲学理解是足够的。[①] 美国早期历史中文化国际传播的观念和实践影响深远,因此,作为本书研

---

① Schopenhauer, Arthur, *Die Welt als Wille und Vorstellung* 2, *chap.* 38 (*Reclam*), pp. 1216 – 1219,转引自 Gerschenkron, Alexander, "On the Concept of Continuity in History", *Proceedings of the American Philosophical Society*, 1962, Vol. 106, No. 3, pp. 195 – 209.

究时段的历史基点，对1917年之前的美国文化国际传播观念与策略进行系统梳理十分必要。

第一节
美国文化国际传播的观念基础

一、作为一种"世界观"的"美国例外论"

根据皮尤研究中心2014年的一项调查，70.6%的成年美国人是基督教徒；而其中基督教新教的信徒占46.5%。① 虽然美国是一个世俗化的国家，但基督教新教在美国的政治和社会生活中仍然发挥重要作用。根据王晓德的考察，"美国例外论"在盎格鲁·撒克逊新教文化信仰体系中具有很重要的一席之地。这一命题将美国与世界其他国家从根本上区分开，为美国对世界承担特殊责任和义务提供了一种合理的解释。他认为本质上"美国例外论"为美国在履行上帝赋予的一种特殊"使命"的名义下以各种形式向外扩张进行了解释。因此，"'美国例外论'不仅是美国持续不断的全球文化扩张的意识形态根源之一，而且使美国政府从中寻找到了合理解释的依据"②。正如宁科维奇在分析美国对外文化传播的宗教起源时指出的那样，美国早期的商人、传教士、军官和旅行者们在20世纪之前就开始通过跨文化接触向外传播美国文化。但他们并不以个人利益为行动指南。"他们把这种行为看作实现更崇高目标的手段，无论这种目标被称作'上帝的

---

① "America's Changing Religious Landscape". Pew Research Center：Religion & Public Life. May 12，2015.

② 王晓德：《"美国例外论"与美国文化全球扩张的根源》，载于《世界经济与政治》2006年第7期。

意志'、'文明教化'或者只是一种宗教意义上的'历程'。"① 美国早期的文化传播者正是在这种"美国例外论"带来的使命感的号召下从事传播活动。

一般认为"美国例外论"一词源自托克维尔《论美国的民主》一书，意指美国在国家历史起源、国家信条、历史演进、政治和宗教体制方面与其他发达国家有本质不同。"美国例外论"有时也用来指称美国对于所谓"自由""平等""个人主义""平民主义"和经济"自由放任"等原则的一贯坚持，而正是这种坚持将美国和其他国家区分开来。"美国例外论"作为一种政治修辞曾经在美国数任总统的演讲中出现，其中包括华盛顿的告别演讲、林肯的《葛底斯堡演说》，以及里根数次演说中对美国作为"山巅之城"的描绘。小布什在"9·11"事件之后几乎每次演讲都会提及"美国例外论"。

"美国例外论"的产生与美洲新大陆的政治和社会环境密切相关。在清教徒看来，美洲大陆是上帝赐予他们的"新世界"。与欧洲大陆的"旧世界"不同，美洲没有诸如百年教堂、代代相传的产业或爵位继承之类的封建传统，因此在美国也不存在欧洲国家政治中常见的左翼社会主义或右翼贵族体制。② 无论美国内部各个政治派别之间的争论如何激烈，这些讨论都建立在一些共识之上，即尊重私有财产和个人权利，建立代议制政府。因此，与诸如法国等一些欧洲国家不同，美国历史上从未长期出现过集权政府。

"美国例外论"也有其深厚的宗教背景。基督教是"一神教"，其强调上帝是唯一真神，因此基督教徒认为其肩负向世界各地传播上帝福音的使命。虽然基督教在美国世俗化的过程中已经在很大程度上摆脱了其"非此即彼"的二元对立认知框架，但基督教徒心中仍然留存一种"天赋使命"

---

① Ninkovich, Frank. *U. S. Foreign Policy and Cultural Relations, 1938–1950*. Cambridge: Cambridge University Press, 1981, P. 8.
② Holland, Catherine A., "Hartz and Minds: The Liberal Tradition after the Cold War". *Studies in American Political Development*, 2005, Vol. 19, No. 2, pp. 227–233.

的观念。正是在这种观念下，美国的传教士们才充满改造世界的热情。但是这种改造必须符合他们心中的标准，这也预示了美国文化国际传播的宣传转向。

"上帝的选民"角色的历史建构也是"美国例外论"的重要来源。新大陆移民领袖约翰·温斯罗普于 1630 年布道时引用了《马太福音》5 章 14 节耶稣的登山宝训中关于盐和光的隐喻："你们是世上的光。城立在山上，是不能隐藏的"来提醒在新英格兰建立马萨诸塞湾殖民地的清教徒殖民者，他们的新社区将成为一座"山上的城"，被全球瞩目：这成为新英格兰殖民者放置在他们的山丘首府波士顿的理想。[①] "冷战"以来，"山巅之城"的隐喻被美国数位总统在演讲中引用，以此将美国在政治和文化层面的"例外主义"合理化，并衍生出"天定命运"这一信条。但根据美国著名思想史学者丹尼尔·罗杰斯（Daniel Rogers）的考察，"山巅之城"这一文本在创造之初只有宗教意涵，其后来"例外主义"的政治意涵则是具体历史时空下建构的产物。他发现在 18~19 世纪，这一隐喻已经被大多数人遗忘；而直到 20 世纪 80 年代，温斯罗普这一隐喻才在美国政治话语中被频繁使用。"在里根总统之前，没有其他任何总统使用'山巅之城'一词来定义美国人的性格以及美国在世界中的位置；在里根之后，使用这个词汇几乎成了美国政治人物的一种责任。"[②]

由此可见，无论是"美国例外论""天赋使命"还是"山巅之城"，其背后都有复杂的宗教背景。这些观念在错综复杂的历史中与国家利益结合，生产出了相关政治话语，为美国在全球的文化扩张提供了"理论"依托和"思想"渊源。正如王晓德指出的那样，这种"使命"的神话不是依赖军事上的强大来完成对世界的"征服"，而是靠着"楷模"的力量或文化上的优势来实现对整个世界的"拯救"。因此，美国自然有责任或义务

[①] Winthrop, John. *A Modell of Christian Charity* (1630), https：//history. hanover. edu/texts/winthmod. html, 1996 – 08/2019 – 11 – 17.

[②] Rogers, T. Daniel. *As a City on a Hill: The Story of America's Most Famous Lay Sermon*. New Jersey：Princeton University Press, 2018, pp. 7 – 8.

向全球传播美国的发展模式或生活方式。①

二、自由主义与孤立主义——美国文化国际传播的"原则化信念"传统

从世界范围看，法国早在1883年就创立了官方文化国际传播机构——法语联盟（Alliance Française），通过法语教学向世界传播法国文化；而英国则在1934年建立了英国文化协会（British Council），通过英国文化的国际传播加深他国对于英国人民生活方式的理解，并为英国的外交政策的执行创造良好的舆论环境。与法国和英国相比，美国政府介入文化国际传播事务比较晚。虽然早在1917年美国就建立了战时宣传机构"公共信息委员会"（Committee on Public Information），但是迫于舆论压力，该机构只存在了两年就被解散。学界普遍认为1936年美国联邦政府建立文化关系处（Division of Cultural Relations）标志着美国政府正式介入文化国际传播事务。鉴于美国在20世纪初已经成为经济和文化强国，而美国文化本身又极具扩张动力，美国政府为何迟迟不介入文化国际传播事务？

美国政府对文化国际传播事务的"晚介入"首先可以归因于其自由主义政治传统。美国的自由主义起源于欧洲启蒙运动，当时欧洲一些思想家们对于国家与个人之间关系的理念深刻影响了美国对政府角色的认知。赫伯特·斯宾塞认为："……社会具有一种自我调节原则，可以保持其各个部分处于平衡状态。而来自外部的人力干涉只会破坏这种平衡……政府存在的意义不是为了管理商业活动，也不是为了教育民众，更不是为了宗教传道……政府的设立只是为了保护个人的自然权利，如人身权和财产权，避免社会中恃强凌弱的现象出现。总之，政府应维护公平正义。这是政府自然的和最初的功能。政府应适当履行自身义务：不应做的太少，但也不

---

① 王晓德：《文化的帝国：20世纪全球"美国化"研究》（上），中国社会科学出版社2011年版，第92页。

能被允许做的过多。"①

1787年的美国宪法创立了第一个现代意义上的共和国。美国的建立实现了以约翰·洛克为代表的启蒙思想家的自由主义政治理念，即建立一个主权在民，没有国王或贵族继承制度的共和国。自由主义政治理念的核心是保护个人自由，因此美国自建立之初就通过立法手段限制联邦政府的权力。比如美国宪法第一修正案就禁止美国国会制定任何法律来确立国教；妨碍宗教自由；剥夺言论自由；侵犯新闻自由与集会自由；干扰或禁止向政府请愿的权利。美国宪法第一修正案与其他九条修正案共同组成了权利法案，有效限制了政府在司法和其他方面的权力。

在20世纪30年代的"罗斯福新政"之前，美国深受古典自由主义影响。在经济方面，美国政府实行"自由放任"政策，坚信由超验主义代表人物亨利·大卫·梭罗提出的"管的最少的政府是最好的政府"②。在文化事务方面，美国也采取一种与经济"自由放任"政策类似的策略：联邦政府不介入，而由私人机构承担相关职责。美国政府认为这样既可以发挥私人机构的创意和灵活性，又可以避免国内外自由主义人士指责美国政府从事政治宣传活动。

如果说自由主义传统限定了美国联邦政府的权力范围，那么作为自由主义分支的文化自由主义则引出了"什么才能代表美国文化？"的命题，并由此建立了一种观念共识：既然来自不同文化背景的移民共同建立了美国，那么各种文化都应得到平等对待，因此美国不应存在一种"官方文化"。这一共识适用于美国国内文化政策，也同样适用于美国文化国际传播政策。文化自由主义者认为社会不应将任何行为准则强加于个体之上，以此保证那些不服从社会主流准则的个体的道德权利。在这种观念影响下，美国对外传播的文化往往不是文化大熔炉（melting pot）锻造出的具

---

① Spencer, Herbert. *The Man versus the State, with Six Essays on Government, Society and Freedom*, ed. Eric Mack, introduction by Albert Jay Nock. Indianapolis: Liberty Classics, 1981, P. 85.
② ［美］亨利·梭罗：《瓦尔登湖·论公民的不服从义务》，鲍荣、何栓鹏译，北京时代华文书局2013年版，第274页。

有同质性的文化产品，而是多种文化混杂的沙拉盘（salad plate），而美国官方机构显然无法成为多元文化对外传播的主要行为体。因此，1917年之前，美国文化国际传播活动大多由各类私人机构承担，其中以充满宗教热情的传教士团体为主，同时也包括一些学术团体和慈善机构。这些私人机构的活动虽然不是服务于国家利益的外交行为，但在客观效果上却恰好符合当时美国"门户开放"政策的战略目标：在不介入欧洲大陆权力政治的前提下提升美国的国际影响力。

美国对于"宣传"（propaganda）的一贯厌恶态度也源于自由主义传统，这也导致美国联邦政府不轻易介入文化国际传播活动。一般认为，英文"propaganda"一词指的是通过选择性呈现事实或使用鼓动性的语言等方式来影响受众，使其产生情绪化且非理性的反应，以求达成传者设定的目标。[①] 宣传中的传受双方处于对立状态：传者往往以自我为中心，忽视受者的理性，一切传播活动都以影响和改变受者的态度为最终目标。而文化宣传则意味着"文化"成了影响和控制受者态度的一种手段。尽管文化宣传往往使用教育、书籍和电影等"慢媒介"，传者也比较关注长期效果，但其最终目标仍然是改变受者态度和观点。

英文"propaganda"一词源于拉丁文"propagare"，意为"散播"或者"繁殖"。该词可以追溯到1622年由罗马教皇格里高利十五世在反宗教改革运动中创立的机构"圣道传信部"[②]，该机构主要负责向非天主教国家传播天主教信仰。18世纪90年代，"propaganda"一词开始用来指称世俗的传播活动。而自19世纪中期开始，该词开始被使用在政治领域，词义也逐渐负面。在宗教层面，美国对具有浓厚天主教宗教传道背景的"propaganda"一词有天然的反感。在政治哲学层面，深受自由主义影响的美国民众一方面无法接受"宣传"传播模式中对于受众个体理性的蔑视；另一方面

[①] Smith, Bruce L. (17 February 2016). "Propaganda" (http://www.britannica.com/topic/propaganda). Encyclopedia Britannica, Inc, 2016 – 02 – 17/ 2019 – 11 – 23.

[②] 英文为"congregation for propagating the faith"，详见 https://www.etymonline.com/word/propaganda，获取于2019年11月23日；"圣道传信部"的翻译来自刘海龙：《观念、话语及其正当化》，中国大百科全书出版社2013年版。

则认为由政府参与的宣传活动会扩大政府权力范围，最终威胁个体的思想自由。

在自由主义的影响下，第一次世界大战之前的美国联邦政府没有介入文化国际传播事务，而是将其交给非官方宗教和慈善团体承担。换言之，美国政府在"一战"前并没有将文化国际传播事务纳入国家外交政策框架中。而从宏观外交政策角度看，美国政府这种"晚介入"也可以追溯到其历史悠久的"孤立主义"传统。

学界一般将华盛顿总统在1796年的离职演说看作美国"孤立主义"的源头，他认为："……我们与其他国家交往时的准则是与他们建立商业关系，但要尽可能不与他们发生政治联系。欧洲有一套基本利益，它对于我们毫无或甚少关系。欧洲经常发生争执，其原因基本上与我们毫不相干。所以，如果我们卷进欧洲事务，与他们的政治兴衰人为地联系在一起，或与他们友好而结成同盟，或与他们敌对而发生冲突，都是不明智的。"① 必须注意的是，华盛顿提出的孤立主义政策并不是要切断美国与外部世界的所有联系。他所强调的是美国应该远离欧洲大陆的军事和政治纷争，而通过商业和贸易满足美国自身利益。因此，"美国的孤立主义始终是政治和军事的。从来就不是经济和文化上的"②。

从这一逻辑出发就不难理解美国政府为何不愿介入文化国际传播事务。在第一次世界大战前，美国仍然深受"孤立主义"外交思想的影响。如果美国政府成为文化国际传播主体，那就意味着违背了自身传统，与欧洲大陆发生了"政治联系"。美国政府难免要承受政府内部和社会各界的舆论压力。而将该项任务交给私人组织，则意味着其属于"自由领域"，这样就可以在实现美国文化全球扩张的同时保护美国的商业利益。

在1917年之前，美国的自由主义和孤立主义传统共同建构了美国政府

---

① U. S. Senate, Washington's Farewell Address, https：//www.senate.gov/artandhistory/history/resources/pdf/Washingtons_Farewell_Address.pdf，访问时间：2019年11月23日。
② *American International Social Science Encyclopedia*. New York，1972，P. 217，转引自温强：《美国早期孤立主义的清教根源》，载于《西南师范大学学报》（人文社会科学版）2002年第28卷第2期。

对文化国际传播"不介入"的观念。虽然随着美国综合实力的跃升和威尔逊总统"自由国际主义"外交观念的流行,美国政府开始逐渐插手文化事务,但在相当长的一段时间内,美国政府仍然只扮演"协调人"的角色,私人机构依然是美国文化国际传播的主体。由此可见上述提及的诸多观念影响深远。

第二节
美国文化国际传播早期行为体的观念与策略

"美国例外论"、自由主义与孤立主义从宗教传统和政治哲学层面建构了美国早期文化国际传播的观念基础。回顾1917年之前的美国文化国际传播史可以发现,一些早期行为体在美国政府大规模介入文化国际传播事务之前就已经开始从事相关活动。他们在实践中产生的观念与策略对美国之后的文化国际传播活动也有深远影响。因此,梳理并分析美国文化国际传播早期行为体的观念与策略非常必要。

一、美国早期政治家传播美国文化的观念与策略

在作为一个独立政治实体的"美国"尚未形成之前,本杰明·富兰克林和托马斯·杰弗逊两位美国开国先辈都曾经出访法国,争取法国国王路易十六和法国各界对于美国独立战争的支持。他们都不约而同地利用文化的手段为这个即将诞生的国家创造良好的舆论环境。在美国前任外交官理查德·阿恩特看来,两位政治家在法国的传播活动影响了美国之后的文化外交观念与策略。[1] 韩召颖在《输出美国:美国新闻署与公众外交》一书

---

[1] Arndt, Richard. *The First Resort of Kings: American Cultural Diplomacy in the 20th Century*. Washington: Potomac Books, Inc., 2006.

中则认为富兰克林和杰弗逊是美国"公众外交"的先驱。① 而王晓德则详尽分析了美国开国先辈通过书籍出版和撰写论文等文化手段对"美洲退化论"的驳斥。② 从中不难发现，美国文化的国际传播自诞生起就体现出极强的文化国家主义观念，承载了一种国家使命。

首先，本杰明·富兰克林在出使法国期间运用文化的手段促成了"法美联盟"的建立，为美国独立战争的胜利做出了贡献。被誉为"第一个美国人"的富兰克林本身就是美国文化的化身。他既拥有清教徒勤俭、努力和自律的美德；同时又继承了启蒙运动以来的科学理性精神，反对政治和宗教的独裁。美国历史学家康马杰曾经夸赞富兰克林"融合清教主义之美德却不受其缺点所累；深受启蒙运动感召却不被其过度热情所伤"③。在富兰克林到达法国之前，他有关闪电的理论在法国已经得到了证实，他的选集也于1773年在法国出版，而更新版的《穷理查年鉴——财富之路》也在抵达不久后出版，并在两年内再版达4次之多。④ 因此，在富兰克林到达法国之前，他已经是法国家喻户晓的文化人物。

由于早年在费城一家印刷店帮工，富兰克林深知报纸在影响舆论方面的作用。因此，他在法国住处附近建立了一所印刷厂，不断通过印刷小册子纠正法国人对美国的一些错误印象。其中有一本名为《移民美国手册》(*Information to Those Who Would Move to America*)。在书中，富兰克林写道，"有些移民认为，美国人富有但无知，随时准备欢迎来自欧洲的学者和艺术家们，等待来自欧洲家庭的成员的到来，担任当地人无法胜任的职务……这些都是漫无边际的想象……实际上，美国没有像欧洲穷人那样的可怜的贫困者，也没有欧洲所说的富人……我们国家向陌生人提供的只有

---

① 韩召颖：《输出美国：美国新闻署与美国公众外交》，天津人民出版社2000年版，第40页。
② 王晓德：《美国开国先辈对"美洲退化论"的反驳及其意义》，载于《世界历史》2017年第1期。
③ Isaacson, Walter. *Benjamin Franklin: An American Life*. New York: Simon & Schuster, 2003, P. 491.
④ [美] 沃尔特·艾萨克森，《富兰克林传》，孙豫宁译，中信出版社2015年版，第378~379页。

适宜的气候、富饶的土地、有益于健康的空气、自由的政府、开明的法律、自由、可以和睦相处的人民和热情的欢迎。那些在家里已拥有这些或更多优势的欧洲人待在原地会更有作为"①。

富兰克林也是美国政治文化最早的传播者。他深知美国在世界事务中的力量来自其"独一无二的现实主义和理想主义的融合",而这种理想和文化吸引力的软性实力与战略威力的硬性实力同样重要。因此,富兰克林在法国帕西定居期间将《宾夕法尼亚州宪法》等大量政治文件在法国等地翻译、出版,从而赢得了人心与思想上的支持。② 富兰克林在法国期间的文化传播活动具有明显的政治意图,因此他也被认为是美国公共外交或文化外交的先驱。从文化国际传播的角度看,富兰克林深谙印刷媒介的传播规律,也善用自己文化名流的个人形象打造美国的国家形象。

接替富兰克林驻法大使职位的是美国另一位政治家——托马斯·杰弗逊。与富兰克林一样,杰弗逊在抵达法国之前已经因其起草的《独立宣言》而蜚声海外,法国人尤其看重其在民主建设方面的经验。杰弗逊正是利用自身威望,以图书出版和人际传播等方式纠正当时法国对美国的误解和偏见。正如韩召颖指出的那样,"杰弗逊把他的办公室变成美国的新闻中心——这是现在美国新闻署在全球散布的上百个中心的先驱"③。

如果说富兰克林是美国政治文化的首位传播者,那么杰弗逊则是第一位将美国社会层面的基本国情介绍到法国的政治家。杰弗逊的传记作者杜马·马隆(Duma Malone)赞扬他坚持实事求是,是"一位启蒙式的大使","他最想做的是传播有关美国的真实情况"。④ 此种类似1950年杜鲁

---

① Green, Fitzhugh. *American Propaganda Abroad from Benjamin Franklin to Ronald Reagan*. New York: Hippocrene, 1988, P. 8, 转引自韩召颖:《输出美国:美国新闻署与美国公众外交》,天津人民出版社2000年版,第42页。
② [美] 沃尔特·艾萨克森,《富兰克林传》,孙豫宁译,中信出版社2015年版,第392~393页。
③ 韩召颖:《输出美国:美国新闻署与美国公众外交》,天津人民出版社2000年版,第43页。
④ Green, Fitzhugh. *American Propaganda Abroad from Benjamin Franklin to Ronald Reagan*. New York: Hippocrene, 1988, P. 5, 转引自韩召颖:《输出美国:美国新闻署与美国公众外交》,天津人民出版社2000年版,第43页。

门政府"真理运动"（Campaign of Truth）的文化传播观念有其产生的具体历史语境。当时法国社会一方面对新生的美国有强烈的好奇，但在"欧洲中心主义"的观念影响下，一些欧洲人也把美国视为文化上的"他者"，并产生了影响力巨大的"美洲退化论"。根据王晓德的考察，"美洲退化论"形成于启蒙运动时期的欧洲，并在法国著名博物学家布丰的巨著《自然史》中得以理论化。随后荷兰哲学家科内利乌斯·德波和法国学者纪尧姆·托马·雷纳尔接受了布丰的观点，把"美洲退化论"发展到极端，对新世界的自然环境和人文习俗给予全面否定，退化的对象把生活在美洲大陆的动物与人囊括无疑。① "美洲退化论"成为欧洲中心论者将美国"他者化"的重要话语资源和理论依托。显然，对于笃信"天赋使命"和"山巅之城"神话的美国人来说，"美洲退化论"对其自我身份构建是一种巨大的挑战。因此，以富兰克林和杰弗逊为代表的美国政治家积极利用文化传播手段对其进行反驳，其中尤以杰弗逊1784年4月出版的《弗吉尼亚笔记》最为有力。

在书中他以问答的形式介绍了弗吉尼亚州的自然地理和人文社会等方面的情况，以大量事实和数据有力地驳斥了布丰的"美洲退化论"。布丰认为"大自然在地球的一半不如在另一半活跃和积极"，杰弗逊就以美国发现的猛犸化石的例子对其反驳；布丰和雷纳尔认为"大自然倾向于使她在大西洋这一边所创造的东西相形见绌。美国至今尚未产生过一个优秀的诗人、一个杰出的数学家、一个在单独一门艺术或单独一门科学中的天才"，杰弗逊就以华盛顿、富兰克林和里顿豪斯为例驳斥，并充满自信地相信美国会产生与其人口规模相匹配的一批杰出人物，还预言英法所代表的欧洲必将衰落。②

总的看来，富兰克林和杰弗逊的美国文化国际传播观念是当时历史环

---

① 王晓德：《美国开国先辈对"美洲退化论"的反驳及其意义》，载于《世界历史》2017年第1期。
② ［美］托马斯·杰弗逊：《弗吉尼亚笔记》，朱曾汶译，商务印书馆2014年版，第24～39页。

境建构的产物。在根深蒂固的"欧洲中心论"影响下,美国作为一个新兴国家被看作文化上的"他者"。因此,两位政治家将美国的政治文化和自然地理状况作为构建美国文化"主体性"的一种文化资源。

二、美国非政府文化国际传播行为体的观念与策略

美国建国之后,联邦政府一直秉承由华盛顿提出的"孤立主义"外交政策,不介入欧洲大陆的权力政治。因此,美国文化国际传播活动主要由非官方行为体承担。美国的传教士团体在其中发挥了重要作用,美国外交史学家理查德·阿恩特称他们为传教士教育家(missionary educator)。通过与学生志愿运动共同合作,他们在全球建立了上百个传教士学校,搭建了美国文化国际传播的重要媒介渠道。阿恩特认为这些传教士教育家是肯尼迪政府时期美国"和平队"项目的先驱。[1]

与此同时,也有一些美国公民在基督教"天赋使命"观念的感召下奔赴海外传播美国文化。其中阿尔伯特·吉塞克的经历最具有代表性。他于1908年受邀赴秘鲁帮助当地发展教育。之后他接任了安第斯山上库斯科大学教区长一职。同时,他还对前哥伦布时期(印第安时期)的考古学有浓厚兴趣。1909年,他发现了通往马丘比丘的路线。1923年,他开始在秘鲁教育部任职。直到1931年这位美国人才退休,并出任美国大使馆顾问。虽然没有任何官方头衔,但是他却是美国历史上第一位文化参赞。1942年,他被任命为美国文化关系官员,并且一直在美国大使馆工作至20世纪60年代。[2] 值得注意的是,在上述两种文化传播过程中,美国联邦政府一直扮演协调者的角色。虽然这些个体的传播活动偶尔会在当地惹上麻烦,但是美国政府的外交官们还是接受了这一现实。

---

[1] Arndt, Richard. *The First Resort of Kings: American Cultural Diplomacy in the 20th Century*. Washington: Potomac Books, Inc., 2006, P. 18.

[2] Arndt, Richard. *The First Resort of Kings: American Cultural Diplomacy in the 20th Century*. Washington: Potomac Books, Inc., 2006, P. 19.

在体制化的传播机构成立之前，美国文化的国际传播一直是一种个人行为，受到"看不见的手"的市场逻辑指引。在基督教新教"天赋使命"观念的影响下，这些个体文化传播者并不总是以个人利益为行动准则，而是把自己的传播活动看作一种所谓"文明教化"的手段。而美国政府则采用了一种看似"自由放任"的策略，不介入文化传播活动。但是这些私人活动并非与官方政策毫无关系：这些自由主义指引下的私人国际传播活动往往被认为可以减轻官方正式外交活动带来的负面影响。

随着1910年卡内基国际和平基金会的成立，美国文化的国际传播开启了体制化进程，并逐渐与美国对外政策目标联系在一起。该基金会的创立者们在美国文化国际传播的观念和策略方面都有开创性的贡献。首先，在观念方面，安德鲁·卡内基认为国家之间矛盾的产生源于外交上的误解，而澄清误解需要更有效的国家间的交流。在泛美联盟的一次发言中，卡内基声称战争是由于外交官之间缺乏信任而导致的。因此，卡内基创立"泛美联盟"，并将其打造成各国外交官彼此交流的平台，而卡内基和平基金会也力求通过所谓"平等交流"促进各国人民之间的"友谊与互谅"。

基金会首任会长伊莱休·鲁特（Elihu Root）在基金会创始之初就提出应该致力于科学研究，探究战争发生的根源及其补救方式，而不只是治标不治本。他积极推进国际法的编纂和传播，支持用仲裁方式解决国际争端。鲁特于1913年获得了诺贝尔和平奖。既然鲁特从国际法的角度解释国际事务，这就意味着他接受主权国家对内至高无上的地位，并且意识到国家之间必然发生利益冲突。他不像卡内基那样对"永久和平"的前景保持乐观，但是他却意识到道德比权力更加深刻地影响着人类文明的进步。鲁特也相信政治的冲突源于文化的差异。任何国际法体系，无论有没有强制力，都需要国际范围内的公共舆论支持，这就意味着国家间共享的观念与同情心必不可少。因此，鲁特大力提倡一种"友善的福音"（gospel of fraternization），并将其作为建立共同观念和情感的手段，而他认为这将成为一个法律全球共同体的道德机理。① 而文化的国际传播在建立共同情感和塑造共同舆论方面必不可少。

卡内基国际和平基金会的第二任会长尼古拉斯·默里·巴特勒（Nicholas Butler）则探索了美国文化国际传播体制化的发展方向。在担任国际调解协会②美国分会主席期间，他致力促进国家间杰出人才互访，为之后美国的学术交流项目提供了策略经验。在卡内基国际和平基金会任职期间，他开始将之前对美国文化国际传播项目的探索不断扩大并且系统化，而这些都建立在他对于"国际主义"观念的解读基础之上。与他的前任鲁特一样，巴特勒认为主权国家依然是国际体系中最重要的行为体，因此他反对不切实际的国际主义观念，认为其过分抬高了人们之间超越国家和民族的友谊，其向往的一种完全脱离民族主义的全球共同体是不现实的。与之相反，巴特勒主张的是一种可以体现每一个主权国家特性的国际主义。他还坚信激进的民族主义对世界和平有害，而和平的国际环境是每一个主权国家稳定发展的前提。③

尽管巴特勒不认同完全脱离民族主义的国际主义，但他也同样不认同传统的欧洲"均势理论"。作为激进的国家主义之外的选择，巴特勒提倡一种"国际思想共同体"（International Mind）。他主张建立一种所谓"普世"的价值系统，并使其成为一种国际范围内的"超我"。他认为文化可以作为一种教育民众的工具，不同国家民众道德原则的协调和沟通也可以通过平等的文化交流达成。但巴特勒同时指出思想的传播很慢，将一种崭新的价值观渗透进大众的观念是一个漫长而又艰难的过程。基于这种观念，他认为教育作为一种"慢媒介"，更适合长期塑造人类的品性。这也成为美国之后以教育交流和图书传播为代表的"慢媒介"国际传播策略的

---

① Bacon, Robert and James Brown Scott, eds.. *Latin America and the United States: Address by Elihu Root*. Cambridge: Harvard University Press, 1977, pp. 70 – 71, 获取自 https://archive.org/details/latinamericaunit00rootuoft/page/70/mode/2up, 2008 – 05 – 12/2020 – 02 – 16.

② Association for International Conciliation, 一个1905年创立的和平组织，总部在法国。

③ Shotwell, T. James. *Autobiography*, Indianapolis: Bobbs – Merrill, 1961, 获取自 https://archive.org/details/autobiographyofj00indi, 2010 – 09 – 20/2020 – 02 – 16.

美国文化国际传播观念与策略的历史建构（1917~1945）

起源。

巴特勒从一种精英视角出发，认为文化对民众的影响是一个由精英群体逐渐扩散至普通大众的"涓滴"（trickle down）过程，而作为"山巅之城"的美国理应在这一过程中发挥重要作用。他认为美国民众和国会议员应该接受良好的教育，像绅士一样行为处事。其他国家也一样，一旦受过良好教育的人们意识到战争不再被社会接受，战争就会像决斗或其他返祖现象一样成为历史。[①] 而历史进程的发展也证明了他们的想法。尽管鲁特和巴特勒认为世界共同体的想法只是一种"乌托邦"的想象，但当时正在兴起的国际智力合作运动也证明了一种国家间相互依存的国际体系有可能实现。

从 1853 年布鲁塞尔国际统计大会开始，一系列国际交流活动已经以一种专业国际联盟的形式被体制化。一般来说，这种形式要求设立国际大会讨论全球共同关心的问题。这些机构涵盖了公立的国际邮政联盟和伯尔尼版权联合会；也包括了一些私立学术组织。1911 年，全世界已经有 150 个私立国际组织和 45 个公立国际组织。正像国际贸易和愈加迅即的通信技术正在打造一个统一并互相依赖的全球经济体一样，国际智力合作运动也正在为一种"国际思想共同体"创造体制基础。卡内基国际和平基金会相信这种国际间的交流对于"国际思想共同体"的产生具有一种基础性和建设性的意义。[②] 在国际传播策略方面，卡内基国际和平基金会开创了国家之间重要人物的互访项目，试图以此在不同国家精英之间建立一种友好关系。这一活动在远东和拉丁美洲尤其活跃。在这个过程中，基金会还发起了一系列国家间文化交流项目：学生和教授的互换、出版物的交换、促进图书翻译和图书贸易、英语教学、社会各界领袖的交流。所有这些都将成为未来政府主导的文化交流项目的惯用手段。

---

① Butler M., Nicholas, "The International Mind: How to Develop It", *Proceedings of the Academy of Political Science*, 1917, Vol. 8, pp. 16 – 20.

② Reinsch, Paul. *Public International Unions*, Boston: Ginn & Co., 1911, pp. Ⅰ – Ⅱ, 获取自 https://www.forgottenbooks.com/en/books/PublicInternationalUnions_10253608.

第三章　美国文化国际传播观念与策略的历史溯源

　　与此同时，美国联邦政府也开始在国家间文化关系方面做一些新的尝试。由乔治·克里尔管理的公共信息委员会这一临时文化国际传播机构在法国、意大利和墨西哥等国开展了初具雏形的文化项目。但是由于美国参战（第一次世界大战）时间很短，公共信息委员会的尝试并没有得以持续，官方文化活动也没有和私立机构协同配合。尽管战争使美国在很多领域（尤其是经济领域）逐渐"国家化"，但是国际文化交流活动却处于美国战时各类政策实验的边缘。战后，美国国会在第一时间就解散了公共信息委员会，彻底断绝了战时文化国际传播活动在和平时期继续发展的可能性。本书将在下一章详尽分析该委员会的文化国际传播观念与策略。

　　公共信息委员会的解散反映了美国民众对于战时权力集中的恐惧，而在美国政府介入文化活动时，这种情绪尤其强烈。这是因为从美国文化国际传播初期开始，私人组织与管理就成为其重要原则。诸如巴特勒和鲁特等基金会的管理者们都坚信私人机构管理文化项目最为合适。在他们的观念当中，美国政府虽然在严格意义上代表了人民的意愿，但是它却不可能体现一个价值和文化多元的美国精神。他们坚信只有人民自愿自发的行为才能够充分地描绘出美国完整的文化图景，而一个国家的精神气质经常在艺术、文学、科学、教育和宗教中得以表达。他们还认为由国家主导的"权力政治"是欧洲大陆的特点，而"美国之道"是把个人的创新精神放在首位。巴特勒认为文化关系属于"自由领域"（sphere of liberty），"自由主义国家的历史进程不是由上至下强力推动的，而是由更高的理性掌控的，是由人们想要拓展友好关系的本能决定的"[①]。

　　尽管美国政府对于文化项目的控制必然会在公众当中引发强烈反感，但是一些文化项目也确实需要集中管理。"一战"后兴起的"世界和平运动"激发了各类私人组织对于文化项目的兴趣，但同时也暴露了相关组织管理体系的短板：大多数项目都由大学或者其他私人机构独立完成，没有

---

① CEIP, *Annual Report*, 1923, P. 5, 转引自 Ninkovich, Frank. *The Diplomacy of Ideas: U. S. Foreign Policy and Cultural Relations, 1938–1950*. Cambridge: Cambridge University Press, 1982, P. 14.

国家总体规划,因此也无法形成合力。卡内基国际和平基金会的成立标志着美国对文化项目"自由放任"的时代结束了。以和平为目的的国家间文化关系急需进一步整合国内文化项目,国内组织已经无法满足国际主义的需求。

在这种需求的推动下,一些慈善团体迅速发展成熟,为国际传播资源的集中化提供了经济支持和助推动力。卡内基国际和平基金会于1910年成立,一系列新机构也在随后出现:洛克菲勒基金会在1913年正式成立,并在20世纪20年代开始对文化关系产生兴趣。洛克菲勒的其他机构包括国际教育董事会(International Education Board)、普通教育委员会(General Education Board)和劳拉·斯贝尔曼洛克菲勒基金(Laura Spelman Rockefeller Fund)都对文化关系产生了类似的兴趣。一些与此不太相关的慈善机构,比如约翰·西蒙·古根海姆基金会(John Simon Guggenheim)也在这一时期成立。所有这些机构都将总部设在纽约,他们熟悉彼此的人员和项目。这种慈善团体间的紧密关系也在日后美国文化国际传播中发挥了重要作用。

洛克菲勒基金会的国际医药项目开创了国家间技术合作的先例,拓展了文化国际传播中"文化"的内涵。除了在抵御疾病上取得的确切成效之外,该基金会的科学项目也证明了平等的文化交流可以带来国家间的善意。各国也愈加意识到在健康领域,与工业、政治、科学和文化领域一样,国家之间是相互依存的。洛克菲勒基金会还出台了奖学金计划,用以支持国家间学生互访项目,拓展学者们的视野,从整体上促进世界各个国家间的文化交流。1933年,洛克菲勒基金会正式把通过文化交流促成国家间相互理解设定为主要政策目标。另外,约翰·西蒙·古根海姆基金会也设立了拉丁美洲奖学金,大力支持有文化和精神价值的商业活动。这种将文化交流与商业活动融合的背后是一种典型的自由主义观念,其将政治、文化和贸易看作是互相联系且彼此支撑的网络,这极大拓展了美国文化国际传播的路径渠道,并影响了由纳尔逊·洛克菲勒负责的美洲国家间事务办公室于1940年起在拉丁美洲的文化外交活动。由于当时美国在商业、贸易和工业技术方面已经远远领先拉丁美洲国家，因此在传播过程中信息和知识只单向流动，这在一定程度上也导致了美国文化外交的宣传转向。

第三节
本章小结

本章系统梳理了1917年之前美国文化国际传播观念与策略的历史传统。在观念方面，基督教新教中的"美国例外论"是推动美国文化向外扩张的"世界观"基础；而源自欧洲启蒙运动的自由主义政治传统和美国根深蒂固的"孤立主义"是美国文化国际传播的重要"原则化信念"。他们共同建构了美国民众对"宣传"（propaganda）根深蒂固的反感情绪以及美国政府对介入文化事务的审慎态度。

美国文化国际传播活动自殖民地时期就已经开始。以本杰明·富兰克林和托马斯·杰弗逊为代表的两位政治家在出使法国期间就开始利用文化手段为美国独立战争服务。富兰克林对于印刷媒介的使用和对公众舆论的重视为之后美国文化外交和文化宣传活动奠定了基础；而托马斯·杰弗逊则通过撰写《弗吉尼亚笔记》驳斥布丰等人的"美洲退化论"，此种观念和策略也导致了美国之后对于"国家形象"的关注。美国早期文化国际传播行为体还包括以卡内基国际和平基金会为代表的慈善组织。基金会的两位主席伊莱休·鲁特和尼古拉斯·巴特勒各自阐发了其对于文化国际主义的解读，将国际教育作为实现国家间和平互谅的重要策略。而洛克菲勒基金会则开创了国家间的技术合作项目，拓展了文化国际传播中"文化"的内涵。纳尔逊·洛克菲勒正以此种观念指导于1940年成立的"美洲国家间事务办公室"在拉丁美洲的文化外交活动，在一定程度上导致了美国文化外交的宣传转向。

第四章

美国公共信息委员会文化"推销"观念与策略的历史建构（1917～1919年）

美国加入第一次世界大战不到两个月后，联邦政府就建立了美国历史上第一个官方文化国际传播机构——公共信息委员会（Committee on Public Information）。该机构的主要职责是对美国国内进行战争动员，将战争兜售给普通民众。同时该机构也开展对外文化传播活动，主要负责将伍德罗·威尔逊总统的国际关系理念"推销"给国际社会。由于该机构产生于战争之中，研究者大多以美国的短期政策目标出发展开分析，将其视为美国联邦政府对于"一战"这一外在刺激的被动反应。但此种分析逻辑无法解释19世纪对文化国际传播活动持"自由放任"态度的美国联邦政府为何迅速改变态度，积极介入文化传播事务；也无法解释美国民众为何接受了联邦政府权限在文化领域的扩大。显然，第一次世界大战是公共信息委员会诞生的直接诱因，但却不是根本原因。本章将从历史建构的视角出发，回溯19世纪末20世纪初美国在物质层面的变化，进而分析其国家身份的转变。之后，本书将分析当时的美国在世界观、原则化信念和因果信念方面发生了何种变化，而这种变化又通过何种方式建构出了相关制度，最终影响了美国文化国际传播策略。

第四章　美国公共信息委员会文化"推销"观念与策略的历史建构（1917~1919年）

第一节
美国文化"推销"观念的历史建构

美国文化的"推销"观念包含三个方面。首先，美国摆脱了19世纪孤立主义传统，主动介入国际事务之中；其次，美国政府将文化国际传播作为其介入国际事务的重要手段，并建立官方机构对其管理；最后，美国政府决定不采用当时纳粹德国的"政治宣传"的方法，而是用一种"商品推销"的观念指导其文化国际传播活动，而上述三个方面都是当时历史语境建构的结果。

一、美国国家身份与利益的重新建构

美国走出孤立主义，并重新建立国家身份是美国文化"推销"观念建立的宏观历史语境和前提条件。19世纪90年代末，与殖民主义盛行的欧洲相比，美国还只是一个二流强权国家。但19世纪90年代是美国与世界关系的一个转折点。美国人愈加感到他们是一个崛起中的世界性强国。

19世纪90年代以前，美国对外关系的"原则化信念"仍然受限于孤立主义传统，其扩张只在北美大陆上进行，并没有介入欧洲权力政治纷争。自1823年12月门罗总统在国情咨文中提出"美洲是美洲人的美洲"以来，许多美国人就一直将西半球视为美国的势力范围。[1]但美国并没有效仿欧洲大国的领土殖民做法，而是扩大贸易，促进与外部世界的商业联系。1890年，洛克菲勒的标准石油公司就已经开始积极主动地向海外推销

---
[1] 钱满素：《自由的刻度：缔造美国文明的40篇文献》，东方出版社2016年版，第192页。

产品。而在美国文化国际传播方面，数千名宗教传教士在19世纪末开始赴海外传播教义。海外传教学生志愿者在"天赋使命"和"天定命运"观念的推动下走遍全球，传播基督教义和美国文化。但在基督教"二元论"的认知框架下，美国文化的国际传播从一开始就具有强烈的宣传性，即以自身的体制和价值观改造世界其他国家。

1890年马汉的《论海洋权在历史上的影响》也在很大程度上促使美国改变了"边疆观"。他在书中提出只有一个能够利用大规模装备精良且指挥高明的军舰控制世界海洋的国家才能够真正获取世界市场和资源的利益。[1] 马汉在书中提出美国人现在必须开始向外看。他的观点对本杰明·哈里森政府时期的国务卿詹姆斯·布莱恩产生很大影响。布莱恩敦促总统努力争取获得夏威夷、波多黎各和古巴等地，以作为美国海军的战略基地。1898年7月，美国最终兼并夏威夷群岛。同年，由于西班牙对古巴起义者的镇压损害了美国的经济利益，在威廉·赫斯特的《纽约日报》（*New York Journal*）和约瑟夫·普利策的《纽约世界报》（*New York World*）这样的"黄色小报"的煽动下，"美西战争"爆发。战争持续了4个月的时间，美国以不到400人的代价获得了战争胜利。在与西班牙签订的停战协议中，美国获得了菲律宾、波多黎各和关岛。1901年3月，美国第二十五任总统威廉·麦金莱（William Mckinley）强迫古巴接受了"普拉特修正案"（Platt Amendment），规定美国有权对古巴进行军事干涉。

总的来看，美国已经在20世纪来临之时准备好随时加入世界强国的行列。普通美国人的世界观已经变化：他们相信美国的影响力将很快扩展到全球。在1902年出版的《新帝国》一书中，布鲁克斯·亚当斯预测说，因为美国所具备的经济实力，"如果美国不能一下超越所有帝国的话……它也将很快超越任何一个单独的帝国"[2]。而这种观念变

---

[1] Pollitt, Ronald L., "Wooden Walls: English Sea Power and the World's Forests", *Forest History*, 1971, Vol. 15, No. 1, pp. 6–15. 转引自袁建军、孙佳敏、沈骑：《马汉海权思想及其现代意义》，载于《世界经济与政治论坛》2014年第6期。

[2] Adam, Brooks. *The New Empire*. New York: The Macmillan Company, 1903, P. 209.

第四章 美国公共信息委员会文化"推销"观念与策略的历史建构（1917～1919年）

迁的背后也有其物质基础。1900年，在工业生产方面，美国已经超过了英国、法国和德国。

二、原则化信念的转向——进步主义运动与美国联邦政府的权力扩张

在19世纪美国工业化和城市化飞速发展的背后是严重的资本垄断和社会不公。1900～1916年间，美国的进步主义者认为，美国社会面临的危机难以通过"自由放任"的传统方式解决。现代社会要求人们对"有限政府"的观念进行一次根本性的思考。在社会呼吁之下，联邦政府开始挣脱"有限政府"这一"原则化信念"，采取措施对一些社会事务施加干预。而这也为"一战"中美国政府介入文化事务提供了观念基础。进步主义者认为"自由"的概念本身是流动和变化的，因此，他们能够否定那种强大的政府必然对自由造成威胁的传统看法，这也为罗斯福政府在"大萧条"中对"自由"观念重构奠定了基础。哲学家杜威提出了"有效自由"的概念，指出与那种"高度正规和有限的自由概念不同"，自由是一种积极而不是消极的概念——"用来做具体的事情的权力"。[①]

进步主义运动为创造一个全国性联邦政府提供了观念基础。正如《新共和》杂志主编赫伯特·克罗利所说，当美国人的生活被那些操纵政治的狭隘利益集团或那些无所不能的公司企业所控制时，民主化的全国性政府提供了一条新的出路。克罗利提出要达成以民主自决和个人自由为核心的"杰弗逊"式的目标，美国就必须采用一种国家干预经济的"汉密尔顿"式的方法。[②]

进步时代的三位总统都以各自的方式扩大了联邦政府在国家经济和社会运行当中的权责范围，为联邦政府介入文化事务做了铺垫。西奥多·罗

[①] Dewey, John. *The Later Works of John Dewey, 1925–1953: Essays, Reviews, Trotsky Inquiry, Miscellany, and Liberalism and Social Action.* Carbondale: Southern Illinois University Press, 2008, P. 27.

[②] Map, Alf. J. *Thomas Jefferson: American's Paradoxical Patriot.* Rowman & Littlefield Publishers, 2008, P. 413.

斯福加强了政府对于国家经济的管制。而威廉·塔夫脱更是在就职演说中指出"现代政府的范围……已经被扩大,远远超出政治学界中旧的'自由放任'学派所划定的原则范围"①。塔夫脱在任期间还敦促联邦最高法院以《谢尔曼反托拉斯法》为依据拆分了洛克菲勒标准石油公司。而威尔逊更是宣称"今天的自由绝不止于个人不受侵犯和干扰,在当代,一个政府的自由计划必须同时也是积极的,而不是仅仅是消极的"②。威尔逊当选总统后,主持建立了联邦储备系统和联邦贸易委员会两个公共机构,体现了进步主义时代联邦政府在经济事务中角色和功能的巨大扩张。

三、"文化帝国"的构想——因果信念的产生

1902年,英国人斯特德(W. T. Stead)出版了《世界的美国化,或20世纪的走向》一书。在书中他预言美国化是"20世纪的潮流",宣称美国的实力和繁荣程度已经足以使它"有权要求获得英语国家的领导地位"。美国将很快以"最伟大的世界强国"的身份出现在世界舞台之上。③ 但他认为美国的力量不在其军事实力或领土的扩张,而主要来自这个国家对"追求财富"所抱有的专注和决心以及它在国际上对美国文化——艺术、音乐、新闻业甚至有关宗教和性别关系的思想——不顾一切地传播。换言之,美国已经在文化国际传播与美国对外政策目标之间建立了一种因果关系。

美西战争确立了美国作为世界列强之一的国际地位,美国也占领了菲

---

① 演讲原文为"…The scope of a modern government in what it can and ought to accomplish for its people has been widened far beyond the principles laid down by the old" laissez faire "school of political writers, and this widening has met popular approval.", "President William H. Taft Inaugural Address", Washington, DC, March 4, 1909, 获取自 https://www.williamhtaft.org/p/president-william-h.html, 2020-01-08.

② Wilson, Woodrow. *The New Freedom: A Call for the Emancipation of the Generous Energies of a People*. New York: Doubleday, Page & Company, 1913, P. 79.

③ Stead, William T.. *The Americanization of the World or the Trend of the Twentieth Century*. New York and London: Horace Markley, 1902, P. 4. 转引自王立新:《踌躇的霸权:美国崛起后的身份困惑与秩序追求 1913-1945》,中国社会科学出版社 2015 年版,第 178 页。

律宾和波多黎各。但与英国、法国和德国相比,美国拥有的海外殖民地还是十分有限。此后,除1903年获得的巴拿马运河区领土和1917年从丹麦手中买下维京岛屿之外,美国再没有在版图上增加新的海外殖民地。正如斯特德所言,美国的帝国与欧洲国家的帝国有一个重大的区别——它是一个经济帝国、文化帝国和思想帝国,而不是一个领土帝国。而美国也确实具备成为文化帝国的物质基础。从1895到1914年,美国制造业的价值增加了18倍……按照制成品价值计算,1894年美国生产了等于英国两倍,等于所有欧洲各国一半的产品。[①] 欧洲人已经开始对钢铁、石油、农业机械和消费商品等方面出现的"美国入侵"产生抱怨。美国文化的一些前沿产品,如电影和流行音乐等,也在迅速流行。

在威尔逊执政时期,美国政府开始重视公共舆论对国家对外政策的影响。威尔逊本人也深信世界公众舆论致力于追求和平,当全世界范围内的公共舆论也就是民主理想得以表达时,民主一定会无往不胜。而美国文化的国际传播正是影响和塑造世界范围内公共舆论的有效工具。

第二节
美国文化"推销"观念的制度化
——公共信息委员会的建立

1917年,美国建立了其历史上第一个官方文化国际传播机构——公共信息委员会(Committee on Public Information,CPI),文化"推销"观念就此沿着制度化路径对美国的外交政策产生影响。公共信息委员会是美国时任总统伍德罗·威尔逊自由国际主义外交理念的产物。因此,首先分析上文提及的三种信念(世界观、原则化信念和因果信念)对美国当时外交政策的建构十分必要。

[①] [美]福克纳:《美国经济史》(下卷),王锟译,商务印书馆2018年版,第40页。

一、威尔逊"自由国际主义"外交理念的历史建构

由上述分析可见,进入20世纪的美国已经在世界观、原则化信念和因果信念三个方面发生了巨大变化,而这些观念在美国政府的外交政策中都得以系统化体现。20世纪初,"门户开放"政策已然成为美国对外关系的重要准则。该政策表面上主张贸易、投资、信息和文化的自由流通,但背后却体现出美国成为新式霸权的意图。

美国文化"推销"观念的产生与伍德罗·威尔逊的外交政策密切相关。威尔逊所信仰的基督教加尔文教派认为,人生就是善与恶的斗争,威尔逊的外交政策也受此影响。尽管他后来也认识到道德原则的模糊性,但仍习惯性地倾向于把对错善恶分得简单明了,并坚定地为道德和理想而战。这种习惯赋予他的政治理论浓厚的道德、宗教远征氛围。[1] 因此,20世纪的美国认为自己摆脱"孤立主义",利用军事手段介入他国事务不是为了自身战略目标,而是为了履行所谓美式"自由"与"民主"的使命。但威尔逊"理想主义"的背后也有现实主义的考虑:美国的海外投资和贸易受益于此种政策。因此,在20世纪,这种信念经常被用来掩饰美国的强权和自私自利。如果说19世纪美国是以树立所谓"民主典范"的方式来推动美式"自由"的传统,那么威尔逊的自由国际主义外交则通过积极干预国际事务的方式以美国自身标准重建世界秩序。

美国海外势力的扩张从"进步主义"时代就已经开始。比如西奥多·罗斯福调停了1905年的日俄战争;罗斯福提出"门罗主义的罗斯福推论",声称美国在西半球有权行使一种国际警察的权力;而罗斯福的继任者威廉·塔夫脱则通过经济投资和贷款,而不是军事方式扩大美国的影响力。因此,他的政策一般被称为"金元外交"。与之前两位总统相比,伍

---

[1] 代兵、程晓燕:《论威尔逊国际政治思想的理论源泉》,载于《世界政治与经济》2004年第2期。

德罗·威尔逊将传教士的热情与美国自以为的道德正当性融合在一起。他任命反帝国主义者威廉·布莱恩为国务卿，否定了"金元外交"的做法。但威尔逊却无法抛弃其外交观念中一直存在的传教士冲动，即以自身的标准改造世界。他甚至认为美国有责任教会其他人民信奉所谓"美式民主"的信念。在国际传播策略方面，他主张美国工业产品和投资的输出必须与传播美国的思想同步进行。这也为文化"推销"观念提供了基础。

二、"因果信念"的强化——作为宣传工具的文化国际传播

戈尔茨坦和基欧汉指出，"萧条、战争、政党的衰落以及政府被推翻，都有可能使观念变得重要。因为他们都构成了削弱现存秩序的外部震荡"[①]。第一次世界大战削弱了美国"有限政府"的传统观念，战争扩张了联邦政府的权限，使其介入美国人的日常生活中。在德国的"心理宣传战"攻势下，美国也逐渐开始强化文化国际传播与国家战时目标之间的因果关系，美国文化由此逐渐成为宣传工具。但受限于美国对"propaganda"一词的厌恶，一种美式的宣传话语——"推销"（advertising）得以建构。[②]

1914年6月，塞尔维亚民族主义分子在波斯尼亚的萨拉热窝暗杀了奥匈帝国皇储弗朗茨·费迪南大公，引发了第一次世界大战。1914年"一战"爆发时，威尔逊总统宣布美国将处于中立。但1915年5月，德国潜艇击沉了"卢西塔尼亚号"豪华邮轮，造成124名美国人死亡。美国公众感到极为愤怒，美国政府也开始积极备战。在此过程中，美国联邦政府的权力进一步扩大。在进步主义者看来，美国政府可以借此机会向全民灌输一种国家团结和自我奉献的精神。与此同时，美国可以通过战争在全球范围传播进步主义价值观。以杜威为代表的进步主义知识分子和改良主义者以

[①] [美]朱迪斯·戈尔茨坦、罗伯特·基欧汉编：《观念与外交政策：信念、制度与政治变迁》，刘东国、于军译，北京大学出版社2005年版，第17页。

[②] 关于"宣传话语"的研究参见刘海龙：《宣传：观念、话语及其正当化》，中国大百科全书出版社2013年版，导言。

及劳工领袖共同组成了一个"认识共同体",支持威尔逊总统的政策。

第一次世界大战是一场总体战,战争爆发不久,交战国之间的心理宣传战便开始打响。英国和法国分别通过路透社和哈瓦斯通讯社在美国从事宣传,德国也在美国雇用代理人进行针对美国人民的宣传活动,试图赢得美国民众对德国战争目标的支持。正如沃尔特·罗杰斯(Walter Rogers)至克里尔的一封信中所言:

当然,德国的宣传会搅乱一切,散播灰尘,迷人双眼。当然,日本的宣传也不会忘记日本的愿望。至于英国的宣传——这位曾经有威望的领导者正欲重新获得失去的声望;七十五年来英国主宰着东方,因为他们相信他们可以在任何一个下午打败这个世界。而如今,英国人不想让世界相信我们是起着决定性作用的,我们才是自由的捍卫者。我们要宣扬自己的信息——民主的故事,否则它将不被揭示出来。①

如果说以德国为代表的宣传活动是"公共信息委员会"成立的外在刺激因素,那么当时美国国际传播能力的欠缺就是其内部驱动因素。美国两位学者曾经写道:

"能够传到海外的信息量本来就很少,更糟糕的是,这些新闻大多是关于我们国家生活中的暴力和异常的情况。这些新闻大多关于罢工和私行、暴乱、谋杀案、贪污起诉、轰动的离婚案、暴发户的骄奢淫逸。很自然地,我们被看作一群拜金的物质主义者,一个充满冷酷的垄断者的国家,大企业是我们真正的统治者,而我们的民主充满虚假。"他总结道:美国人"是世界上最被了解也最被误解的民族"。②

美国对德国宣战后,威尔逊总统意识到争取国内外舆论支持对美国获取战争胜利至关重要,因此这项任务不能交给民间组织。1917年4月13

---

① "Letter From Walter S. Rogers to Chairman of Committee on Public Information (Creel)" (Document 2), in FRUS, 1917 – 1972: Public Diplomacy, World War I, P. 6. 转引自蓝大千:《美国公共信息委员会对外宣传研究(1917 – 1919)》,引自徐蓝:《近现代国际关系史研究》第十五辑,世界知识出版社2018年版。

② Mock, James R. and Cedric Larson. *Words That Won the War: The Story of the Committee on Public Information, 1917 – 1919*. Princeton: Princeton University Press, 1939, P. 9, 237, 238.

日，威尔逊总统签署行政令①，成立公共信息委员会（Committee on Public Information），并任命科罗拉多州丹佛市《落基山新闻》的记者乔治·克里尔为主席，因而该委员会也被称为"克里尔委员会"。在之后的两年里，公共信息委员会致力于把第一次世界大战通过海报、小册子、电影、条幅和公众演讲等各种方式"推销"给美国人民。

虽然公共信息委员会的工作重点在美国国内，但是迫于战争中的诸多压力，该委员会于1917年10月设立了海外宣传部（Foreign Department），在世界范围内宣传美国思想，尤其是威尔逊的世界和平计划。公共信息委员会的国际传播活动是一个饱受争议的话题。它的支持者认为其促进了战时美国国家目标的实现：在国内寻求民众对战争的支持；在国外对抗德国纳粹的政治宣传。但也有一些自由主义者认为该委员会本身就是一个巨大的政治宣传机器：在国内煽动民族主义情绪，同时胁迫和压制国内反对战争的声音。本书认为，无论公共信息委员会究竟是哪一种机构，无可否认的是它标志着美国联邦政府第一次正式介入文化国际传播事务。

第三节
公共信息委员会文化"推销"观念与策略

20世纪初，美国国内国际环境的诸多变化建构出了全新的国家身份和利益。与之相伴的是与美国外交政策相关的世界观、原则化信念和因果信念都得以重新建构，威尔逊的"自由国际主义"观念被制度化，而其中最有代表性的就是公共信息委员会的创立。该委员会以"推销"美国文化传播观念，在全世界范围内以多种媒介渠道和策略传播威尔逊的国际关系理念。

---

① 行政令全文参见 http://www.thefullwiki.org/Executive_Order_2594.

美国文化国际传播观念与策略的历史建构（1917～1945）

一、公共信息委员会的文化"推销"观念

公共信息委员会是美国历史上建立的第一个官方文化国际传播机构。建立初期，委员会的工作人员就对该机构的性质进行了讨论。首先，在委员会主任乔治·克里尔看来，委员会的工作和政治宣传或者对公众舆论的操纵并不相同。他认为这只是一种把真相告诉世界的活动。克里尔将公共信息委员会的任务界定为"争取人类思想"（fight for the mind of mankind）[1]，其对外工作是一场宣传（promoting）和推销（advertising）美国的运动。用他自己的话说，委员会的工作"在各个方面，从始至终，没有间断和变化，都是一场十足的宣传工作、异常宏大的推销事业、世界上最伟大的宣传历险"[2]。委员会尤其重视将自身的国际传播活动与其他国家的"政治宣传"（propaganda）区分开来。委员会曾在瑞典撤回带有明显"宣传"迹象的小册子《美国作战的精神》，因为"美国政府反对可能被描述成宣传的任何工作形式，这个词在当前战争期间被赋予了和德国所做活动一样的含义"[3]。

美国早期移民以基督教新教教徒为主，对于"propaganda"一词的厌恶自然有宗教原因。同时，德国、日本和英国的宣传活动也让美国政府和人民对该词更加反感。受此影响，"公共信息委员会"坚持自己从事的并不是其他国家的"政治宣传"，而是"advertising"或"promotion"。克里尔本人也曾经说："我们不把它称为'政治宣传'（propaganda），因为这个词在德国人口中往往与欺骗和腐败相关。我们的工作只是教育性（educa-

---

[1] Mock, James R. and Cedric Larson. *Words That Won the War: The Story of the Committee on Public Information, 1917–1919*. Princeton: Princeton University Press, 1939, P. 235.

[2] Creel, George. *How We Advertised America*. New York and London: Harper & Brothers Publishers, 1920, pp. 4–5.

[3] "Letter from Edwin Bjorkman of the Division of Work Among the Foreign Born, Committee on Public Information, to David F. Swanson"（Document 30），P. 64. 转引自蓝大千：《美国公共信息委员会对外宣传研究（1917–1919）》，引自徐蓝：《近现代国际关系史研究》第十五辑，世界知识出版社2018年版。

第四章 美国公共信息委员会文化"推销"观念与策略的历史建构（1917～1919年）

tional）和信息（informative）的，因为我们有足够的信心，相信没有哪一种方式比公正地列举事实来的更为有效。"①

客观上看，教育交流活动的确是公共信息委员会文化国际传播的重要组成部分，其中一些传播观念还为之后美国文化外交的开展提供了经验借鉴。该委员会对外新闻出版局主任普尔（Poole）曾指出开展文化外交的重要性：

"为了共筑一个更加自由和友爱的世界，最好的办法就是使世界各地的教师共同就儿童教育和公民塑造的问题展开大规模的国际性交流，而这些公民将主宰着未来的世界。这项活动最好通过全球性的教育期刊来完成。在教育领域，我们有丰富的经验可以与各国分享……有人说，在接下来的年代里，'教育'一词将成为热词。如果真是这样，那么提供一种手段使得一国优秀的思想迅速传播到世界各地就显得尤为重要。"②

首先，"公共信息委员会"尤其重视国际范围内的公众舆论。在欧洲自由主义影响下，威尔逊国际政治思想高度推崇"公意"（public opinion），因此委员会的国际传播活动以影响世界范围内的公众舆论为最终目标。出版于1920年的著作《我们如何推销美国》（*How We Advertised America*）中有接近一半的篇幅是关于委员会海外部门的。当第一次世界大战逐渐临近，"公共信息委员会"已经在远东、拉丁美洲和欧洲十几个国家开始运作，运用一系列工具将美国的信息传递到世界。一项研究曾经说："之前从来没有任何一个国家可以如此大规模地动员其大量的文化资源。"③

---

① Creel, George. *How We Advertised America*. New York and London: Harper & Brothers Publishers, 1920, pp. 4–5.

② "Letter from the Director of the Foreign Press Bureau, Committee on Public Information (Poole) to the Chairman of the Committee on Public Information (Creel)" (Document 40), in FRUS, 1917–1972: Public Diplomacy, World War I, P. 84, 转引自蓝大千：《美国公共信息委员会对外宣传研究（1917–1919）》，引自徐蓝：《近现代国际关系史研究》第十五辑，世界知识出版社2018年版。

③ "Letter from the Director of the Foreign Press Bureau, Committee on Public Information (Poole) to the Chairman of the Committee on Public Information (Creel)" (Document 40), in FRUS, 1917–1972: Public Diplomacy, World War I, P. 12, 转引自蓝大千：《美国公共信息委员会对外宣传研究（1917–1919）》，引自徐蓝：《近现代国际关系史研究》第十五辑，世界知识出版社2018年版。

美国文化国际传播观念与策略的历史建构（1917~1945）

客观上看，虽然以克里尔为代表的委员会官员尽力否认自己从事的是"政治宣传"（propaganda），但是其也确实具备了"政治宣传"概念的基本构成要素：由国家机构管理，以影响受众态度为目标，力求维护短期国家利益的单向传播活动。

其次，公共信息委员会文化国际传播活动另一个重要观念是细分受众，即根据不同受众国家的特点制定传播内容、传播策略和预期效果。委员会大部分传播活动针对倍受战争侵袭的欧洲。在第一次世界大战临近结束的时候，克里尔的代表已经在丹麦、瑞士、意大利、瑞典、英国、法国、荷兰和俄国进行宣传。委员会在上述国家传播的信息内容及传播效果预期大有不同。这些国家中有些是正处于战争中的美国盟友；而一些国家则受战争影响较小或保持中立。就像1918年初《纽约时报》报道的那样，委员会在中立国家中散播关于美国在战争中的角色的真相，告知德国民众美国参战的目的，最后，也是最重要的是让盟军了解美国正在做的事情以及美国将如何帮助他们，以此增强盟军士气。[1] 委员会的文化国际传播活动完全以争取人心为目标，因此大多采用单向传播手段展示具有美国特性的内容，如美国人的生活方式、先进的农工商业水平、美国的民主共和政体、美国人民的性格等。例如在俄罗斯，委员会通过展示美国人在商业、教育、农业以及生活方式方面的经验来"启蒙"俄罗斯的公众。[2]

威尔逊的和平主义思想是公共信息委员会的主要传播内容。作为一个长老会牧师的儿子，威尔逊深受美国基督教文化"天赋使命"观的影响，他的和平主义思想正是这一时期美国政治文化的典型代表，其内容可以概

---

[1] "Woods to Define Our Aims Abroad", *New York Times*, February 18, 1918, P.3, 获取自 https://www.nytimes.com/1918/02/18/archives/woods-to-define-our-aims-abroad-expolice-commissioner-selected-to.html（EB/OL）1918-02-18/2019-05-14。

[2] "Telegram from the Consulate in Irkutsk to the Department of State"（Document 42），pp.87-88，转引自蓝大千：《美国公共信息委员会对外宣传研究（1917-1919）》，引自徐蓝：《近现代国际关系史研究》第十五辑，世界知识出版社2018年版。

第四章 美国公共信息委员会文化"推销"观念与策略的历史建构(1917~1919年)

括为以下几点:美国是民主发展的典范;美国应该向世界输出民主;民主本质上是和平的;国际集体安全组织如能接受正确指导与管理,则能够确保未来的世界和平。他同时认为,美国外交政策的重要目标应当是创建一个由正义(right)主导的普世共同体,借此,自由民族将和平与安全惠济所有民族,并最终使整个世界变得自由起来。当然,在他看来,这一共同体的领袖应该由崇尚自由与民主的美国来担任,因为只有像美国这样的伟大国度才能为世界各国树立"可信赖的典范"。总之,美国的使命就是成为"和平的仲裁者""世界的灯塔",以及"领导世界维护人民和自由国家的权利"。[①] 1918年1月,威尔逊提出著名的"十四点计划"[②],完整地阐述了其和平主义理念和对战后新世界秩序的设计。这份和平呼吁旋即成为公共信息委员会的传播重点。总体来看,整个战争期间,委员会都不遗余力地向世界推销威尔逊的国际关系理念。而威尔逊也成为当时美国所谓"理想主义"的化身和道德楷模,并作为美国政治文化重要的象征符号被传播到世界各国。

二、公共信息委员会的文化"推销"策略

在文化"推销"观念指导下,公共信息委员会制定了一套传播策略,并为之后的相关实践提供了经验。委员会通过当时技术条件下的多种媒介渠道对外传播美国文化,并把后来被称为"快媒体"(fast media)的信息媒介与"慢媒体"(slow media)的传播媒介统一管理,为后来"美洲国家间事务合作办公室"的文化宣传活动提供了观念和策略参考。在信息媒介方面,委员会各分支机构不仅以多种语言向外国新闻机构提供每日新闻简

[①] 王立新:《意识形态与美国外交政策——以20世纪美国对华政策为个案的研究》,北京大学出版社2007年版,第142页。

[②] "十四点计划"是美国总统伍德罗·威尔逊在1918年1月提出的构建战后世界秩序的基本纲领,其促成了"一战"后国际联盟的成立。在国际联盟的组织方案中,威尔逊主张以集体安全原则取代欧洲长期奉行的均势原则。"十四点计划"具体内容参见《国际关系史》(第二版),刘德斌主编,高等教育出版社2018年版,第299页。

报，而且向外国杂志提供事先准备好的赞美美国社会、经济和协约国为战争所做贡献的特稿，发布介绍美国社会的文章、小册子以及图片。由于当时美国最大的两家新闻机构——美国联合通讯社（美联社）和合众国际社（合众社）在第一次世界大战前还没有大规模开展海外业务，委员会建立了一个美国官方新闻社（Compub），向很多国家的报纸和新闻机构免费提供第一手新闻。委员会征用了 650 家美国海外企业的展览橱窗，用来展示宣传美国战争目标的海报和图片，还把说明美国战争目标的传单夹入美国出口海外的商品目录里。[1]

电影作为刚刚兴起的文化传播媒介在美国对外传播中被充分利用。公共信息委员会组织拍摄了多部介绍美国生活的纪录片，并与私人电影制片商合作，拍摄宣传美国战争目标的电影。电影拍好后，由在海外的美国民间机构，如基督教青年会（YMCA）、红十字会和商社播放或交给当地的电影经销商来放映。美国战争部[2]通过公共信息委员会向外传播的电影胶片有 6 200 多卷。[3] 其中《潘兴十字军》（Pershing's Crusaders）和《在四面旗帜下》（Under Four Flags）是当时最有代表性的电影。公共信息委员会称，"通过电影这一媒体，美国的战事进展以及民主的含义和目的被传到美国的每一个社区和世界的每一个角落"，同时电影也"展示了我们的社会与工业生活，让外国人民了解我们自由制度的生机与活力"。[4] 威尔逊总统在看了格里菲斯导演的经典内战片《一个国家的诞生》后认为，作为一种廉价而理想的宣传手段，好莱坞电影完全可以承担起宣传美国国家形象的重任。在战时的一次演讲中，威尔逊总统是如此赞扬电影的重要作用的："人们正在维护由于战争而备受威胁的自由民主价值观，为什么不让电影

---

[1] Rosenberg, Emily S. *Spreading the American Dream: American Economic and Cultural Expansion, 1890–1945*. New York: Hill and Wang, 1982, P. 79.

[2] 美国战争部（US War Department）是一个已经被废除的美国内阁级单位，曾负责美国陆军和海军相关事务。1949 年，战争部更名为"国防部"。

[3] Mock, James R. and Cedric Larson. *Words That Won the War: The Story of the Committee on Public Information, 1917–1919*. Princeton: Princeton University Press, 1939, P. 243.

[4] Creel, George. *How We Advertised America*. New York and London: Harper & Brothers Publishers, 1920, P. 8.

第四章 美国公共信息委员会文化"推销"观念与策略的历史建构（1917~1919年）

为这一伟大运动来服务呢？……电影的层次已经达到传播大众思想的最高境界……由于电影是用的是世界语言，更有助于它表达美国的计划和目标。"[①] 与美国开国政治家驳斥"美洲堕落论"相比，此时美国的国家形象宣传已经不再是为了对抗"欧洲中心主义"者将美国"他者化"的叙事，而是主动输出已经具有主体性的美国价值与形象。

在传播行为体方面，威尔逊政府开创了美国文化国际传播"公私合作"模式，与美国电影业建立起了合作关系。威尔逊要求国家电影业协会探索美国电影在欧洲发行的有效方式。该协会领导的战时合作委员会设立了"美国电影委员会"，并由它负责在欧洲发行美国电影。同时，公共信息委员会成立了"对外电影司"，与美国电影委员会密切合作，积极推动美国电影进入欧洲市场。1923年，美国电影制片人和发行人协会（Motion Picture Production and Distribution of America，MPPDA）主席威尔·海斯（Will Hays）认为："从美国出口到海外的每一部电影，无论发行到哪里，都应该向世界正确地展现美国的目的、理想、成就、机会与生活……我们准备利用美国电影将美国推销给整个世界。"[②]

正是由于"一战"带来的短暂权力扩张，威尔逊政府还改变了美国自由主义传统中的"原则化信念"，通过美国联邦最高法院判定，将电影排除在宪法第一修正案之外，以确保美国的正面形象在国际传播中得以树立。随后，电影审查委员会正式成立，专门对即将放映的电影进行道德审查。公共信息委员会在大战中依据《间谍法》和《煽动法》两部法令，对向外传播的电影进行严格审查，要求制片商在进行影片创作和营销时，必须严格遵守以下原则：（1）不得涉及歪曲美国社会生活和思想的内容；（2）不得贬损美国及其盟国形象；（3）不得出现有关骚乱的情节，以免此

[①] ［加］弗雷泽：《软实力：美国电影、流行乐、电视和快餐的全球统治》，刘满贵等译，新华出版社2006年版，第31页。

[②] Will H. Hays. "What is Being Done for Motion Picture", October 5, 1923, P. 8, in quoted from Richard Maltby and Melvyn Stokes, eds. *Hollywood Abroad*, *Audiences and Cultural Exchange*, British Film Institute, 2004, P. 1. 转引自胡腾蛟：《美国公共信息委员会与威尔逊和平主义的推销》，引自徐蓝：《近现代国际关系史研究》第十五辑，世界知识出版社2018年版。

类情节可能被敌人用以歪曲或贬损美国形象;(4) 尽可能地展示美国及其公众的正面形象。据统计,整个战争期间,对外电影司共计拍摄了近 100 万英寸胶片,发行 60 余部宣传片,销售 20 万张幻灯片。① 在对外宣传中,尽管克里尔要求"尽可能地通过商业渠道"发行美国电影,"但在许多国家,很有必要对那些展现美国社会、工业和战争进步的电影免费发行"。②

公共信息委员会还充分利用总统演讲这种形式向国际社会传播美国的政治理念。威尔逊充满理想主义的演讲传达的是美国无私、仁爱和公正的形象,被委员会认为是反击德国宣传的最好武器,而且威尔逊总统"被视为协约国的代言人",其演讲"说出了战时美国政策的基调",具有权威性。③ 同时,美国政府也深知,只有威尔逊提出的新国际关系准则获得世界舆论的支持,美国改造国际秩序的目标才能实现。因此,委员会从一开始就把向全世界传播威尔逊总统的演讲和宣传威尔逊的国际秩序思想作为重点,竭力把威尔逊塑造成一位英雄和解放者。委员会在这一方面取得的效果十分显著,全世界主要报纸都完整刊载了威尔逊的演说,这些出版物在很大程度上帮助世人了解美国人的态度与意图。"到停战的时候,伍德罗·威尔逊的名字以及威尔逊是和平、自由和民主之友的思想在世界上一些偏远地区几乎就像在纽约、圣路易斯和旧金山一样家喻户晓。"④

在传播的地理范围上,根据克里尔的报告,公共信息委员会对以下国家和地区传播威尔逊的演讲:英国、法国、意大利、俄国、西班牙、瑞士、荷兰、斯堪的纳维亚、澳大利亚、新西兰、日本、中国、西伯利亚地

---

① 仇海萍:《美国"公共信息委员会"简论》,载于《历史教学问题》2014 年第 2 期,第 87 页。

② "George Creel to Woodrow Wilson, July 23, 1918", George Creel Papers, Library of Congress, Container 2, in *Film and Propaganda in America: A Documentary History*, Volume I, World War I, P. 279. 转引自胡腾蛟:《美国公共信息委员会与威尔逊和平主义的推销》,引自徐蓝:《近现代国际关系史研究》第十五辑,世界知识出版社 2018 年版。

③ George Creel. *Complete Reports of the Chairman of the Committee on Public Information.* Washington, D. C.: U. S. Government Printing Office, 1920, P. 112. 获取自 https://archive.org/details/completereportof00unit, 2010 - 05 - 20/2019 - 04 - 17.

④ Mock, James R. and Cedric Larson. *Words That Won the War: The Story of the Committee on Public Information, 1917 - 1919.* Princeton: Princeton University Press, 1939, P. 235.

第四章　美国公共信息委员会文化"推销"观念与策略的历史建构（1917~1919 年）

区、南美洲、中美洲、墨西哥、印度、南非、希腊、埃及、加拿大、利比里亚和德黑兰。① 各地工作人员收到总部发来的威尔逊演讲后将其翻译成当地语言，并在随后几天内，通过邮政明信片、宣传牌、汇编成册等方式散发。克里尔在回顾委员会工作时无不骄傲地说：

"一个国家行政领袖的演讲在全世界传播，这在历史上是第一次。威尔逊总统阐释美国立场的每一次正式演讲都被实时通过无线电广播在 24 小时之内在世界每一个国家以当地语言播送。不仅如此，委员会派驻各国的工作人员还会把这些演讲刊登在当地的报纸上供千百万人传阅。"②

公共信息委员会十分重视人际传播对推销美国文化的作用。比如美国就在西班牙安排了一些擅长西班牙语的美国牧师从事文化推销活动。此外，他们还安排了一些赴西班牙旅行的美国游客，这些游客要"接受过良好教育、彬彬有礼，熟悉西班牙的语言与风俗，并能够同重要人物谈论共同感兴趣的话题③。在意大利，委员会发动在美国的意大利人写信给他们在意大利的朋友和家人，讲述美国的战争精神和对意大利的态度等。委员会的人际传播具有双向互动的性质。委员会也邀请目标国家人员到美国，通过身临其境的感受，促进他们对美国的理解和认同。例如委员会鼓励并资助法国知名记者、作家访问美国，并鼓励对于美国的正面描写，增强美国在法国的影响力。而对于不喜欢报道美国新闻的墨西哥记者，委员会同样赞助他们到美国旅行，以此增加关于美国的新闻报道。针对来自拉丁美洲的游客（包括作家、艺术家、商人等），美国十分注重展示其政治上致力于民主、商业上追求改革的形象，以减轻之前拉丁美洲民众对美国的误解。④

---

① Mock, James R. and Cedric Larson. *Words That Won the War: The Story of the Committee on Public Information, 1917–1919.* Princeton: Princeton University Press, 1939, pp. 113–114.

② Creel, George. *How We Advertised America.* New York and London: Harper & Brothers Publishers, 1920, P. 10.

③ "Report from the Embassy in Spain" (Document 5), in FRUS, 1917–1972: Public Diplomacy, World War I, P. 14. 获取自 https://history.state.gov/historicaldocuments/frus1917–72PubDip/d5, 2010–05–20/2019–04–17.

④ 蓝大千：《美国公共信息委员会对外宣传研究（1917–1919）》，引自徐蓝：《近现代国际关系史研究》第十五辑，世界知识出版社 2018 年版，第 183 页。

在受众方面，公共信息委员会意识到由于在不同国家美国面临的状况以及这些国家对于美国的看法不尽相同，因此对外传播美国文化需要采用一种"分众传播"的策略。首先，对于美国的盟友，委员会传播的信息集中在美国的军事活动方面，以努力抚慰他们的厌战情绪。比如在法国，委员会就利用它的通讯社报道与美国相关的新闻，并强调美国在抗击德国中的贡献。委员会还派出讲师团奔赴法国的工业园区，告知法国人美国的部队和物资正在流向欧洲，以此遏制不断出现的不安情绪。为了让法国民众第一时间了解美国人在战争中的表现，法国的记者和出版商被邀请到前线观察他们口中的"美国佬"（Yankees）的一举一动。描写美军前线作战和蔑视德军的电影也在法国的剧院和其他场所上映。

同时，在一些远离军事冲突的国家里，委员会的文化国际传播策略为后来的文化外交开创了先河。对这些国家来说，美国在战场上取得的成就远远不如美国对战后世界的规划重要。他们更关心自己国家在一个新世界当中将处于何种位置，以及作为"大国俱乐部"成员之一的美国将在大战结束后做些什么。在很多此类国家中，公共信息委员会面对的受众不但对美国了解甚少，而且对美国还存有深深的怀疑，有些甚至存有明显的反美情绪。

西班牙就是这样一个国家。美西之间有长期冲突对抗的历史。美西战争中西班牙蒙受羞辱，使得这个国家的官员和人民对美国的印象都比较负面。当时美国政府又对西班牙实施了贸易禁运，在西班牙进一步引发了愤恨情绪，使西班牙民众更加偏向德国。总之，对公共信息委员会来说，很难想象有比1917年的西班牙更不利的舆论环境。

首先，在受众方面，这个国家居民中大概2/3是受教育程度极低的农民或劳工。他们对政治态度冷漠，对战争也抱有无所谓的态度。鉴于此，公共信息委员会并没有向西班牙大肆传播关于战争中美国英雄主义的电影，而是努力使其民众相信协约国一定会赢得这场战争，以及战后与美国保持良好关系可以带来实际利益。正如一位公共信息委员会的代表所言，"西班牙想要在能赢得比赛的赛马身上下注，而我们的工作就是使其相信，

第四章　美国公共信息委员会文化"推销"观念与策略的历史建构（1917～1919年）

在上帝的指引下，我们注定赢得这场战争。如果他们想要紧随潮流的话，最好现在就开始。只有协约国能够保障他们的需求，保住他们的面子，保住他们的皇位，阻止无政府的混乱情况发生"①。委员会的电影项目在西班牙选择播放关于美国铁路系统、汽车和啤酒生产的短片，以此宣传美国的农业和工业实力。演讲人聚焦在"西班牙和美国的文化关系"上，而威尔逊总统的形象则很显眼地出现在新闻短片和小册子当中，不断传播他关于建立国际联盟的方案。②

与西班牙类似，公共信息委员会在拉丁美洲也遭遇了根深蒂固的反美主义。西班牙民众对战争冲突并不感兴趣，而他们真正感兴趣的是战后的世界格局，尤其是他们与美国这样一个新兴强国之间的关系。鉴于此种情况，委员会在拉丁美洲也同样把传播协约国必将胜利的信念放在首位。他们通过新闻稿、海报和电影不断强化这种信念。但是，美国在拉丁美洲的文化国际传播者迅速意识到他们西半球的邻居更想了解美国这个国家本身。比如，与欧洲战事相比，智利人民就对关于美国本身的信息更感兴趣。因此，委员会的官员就要求纽约总部不要再发来关于战场上美国的丰功伟绩。《潘兴的十字军》在墨西哥城放映的时候甚至激起了更严重的反美主义，这部电影随后也很快改名为《战争中的美国》。

公共信息委员会的文化国际传播活动以受众需求为导向。他们观察到拉丁美洲各共和国对于美国经济、社会、教育和政治相关信息的需求。作为回应，美国向拉丁美洲传播了大量的小册子、新闻稿件、图片以及海报。美国还在墨西哥城建立了一个阅读室，以方便墨西哥民众"观看图片，或者阅读书籍、期刊文学和小册子。全部内容都是以西班牙语写成，内容大多关于美国在战争中的努力或者只是关于美国的新闻"。电影尤其受到欢迎，其中包括"动画、月度新闻事件以及长电影"。公共信息委

---

① Krenn, Michael L. *The History of United States Cultural Diplomacy: 1770 to the Present Day*. London: Bloomsbury Publishing Plc, 2017, P. 54.
② Gregg Wolper, "Wilsonian Public Diplomacy: The Committee on Public Information in Spain", *Diplomatic History*, 1993, Vol. 17, No. 1, pp. 17–34.

会还邀请了 20 位墨西哥记者和新闻编辑赴美旅行。①

第四节
公共信息委员会文化国际传播观念与策略的解体

  自成立伊始,公共信息委员会面向全球受众的文化传播就面临诸多挑战,其中之一就是他们必须不断调整传播策略和内容,以满足不同地区受众的需求。此外,国际传播专业人才的匮乏也是一大障碍。公共信息委员会在当时是一个全新机构:美国联邦政府之前完全没有过类似的机构,一切都要从零开始,因此自然也没有专业的国际传播人员或者文化外交官来为这个机构服务。委员会早期的工作人员大多来自广告业,而另外一些雇员则来自公共关系领域,比如爱德华·伯奈斯(Edward Bernays);1918 年第一届普利策奖得主欧内斯特·普尔(Earnest Poole)则主要负责研究委员会的海外受众;美国著名艺术家和插画家查尔斯·吉布森(Charles Dana Gibson)也参与其中,为委员会绘制了大量海报和插画作品。

  公共信息委员会面临的另一挑战来自美国国内。一些自由主义者从根本上怀疑委员会文化国际传播活动的有效性,尤其质疑其在提升美国国家形象方面的作用。他们还对来自委员会的"新闻"真实性心存怀疑。1917 年 7 月的一期《纽约时报》社论就将其称为"公共错误信息委员会"(The Committee on Public Misinformation),并批评委员会夸大报道德国对于美国运输船的攻击,认为"美国人永远不会原谅对于我方军事力量参与的冲突进行的夸张不实的报道"。社论还批评了克里尔本人,"很明显,他(克里尔)未能履行职责,其能力没有被用到正确的地方……在他曾经所在的新闻业中,情绪和想象力比信息的准确性更为重要。这样的特点使克里尔没

---

① James R. Mock, "The Creel Committee in Latin America", *The Hispanic American Historical Review*, 1942, Vol. 22, No. 2, pp. 262 – 279.

第四章　美国公共信息委员会文化"推销"观念与策略的历史建构（1917~1919年）

有资格从事他正在做的事"。① 认为威尔逊政府选择克里尔担任这一要职是一个大错。之后不到一年，国会议员艾伦·特雷德韦（Allan Treadway）指责委员会花掉了数百万美元，但传播效果平平，并批评"公众从所谓的公共信息委员会获得了大量不实消息"②。

一些批评者从法律角度出发，指责公共信息委员会参与国际传播活动是一种非法的权限扩张。1918年初，众议院一位议员就要求对委员会"外派美国专员从事宣传的政策"进行调查。他怀疑此类行动经费来源的合法性。他认为"这个委员会的行动已经超出了国会赋予它的权力。国会从来不知道它从事海外宣传活动，而且在我看来，在美国人被外派他国，代表美国人陈述观点之前，国会的对外事务委员会应预先对其质询"③。

在传播效果方面，公共信息委员会在对国际受众传播时也激起了一些负面情绪。尽管委员会根据受传国家对战争的不同态度定制了传播内容与策略，但由于其工作人员对所在国家的历史文化和风土人情缺乏深入研究，其传播活动往往未能达成提高美国威望或使其支持同盟国的目的。在研究委员会在西班牙的传播活动时，格雷格·沃尔波（Gregg Wolper）指出，尽管美国的国际传播在说明其战争目的方面相当成功，但是这种成功也伴随着代价。④ 对威尔逊总统本人及其所谓"民主世界"愿景的过分美化唤起了一些国家民众不合实际的期待。西班牙民众当时对软弱无力的议会体制十分失望，并由此开始怀疑所有形式的代议制政府。而委员会对于威尔逊总统民族自决思想的鼓吹也加速了加泰罗尼亚和巴斯克省的分离运动。

在第一次世界大战后的特殊形势下，公共信息委员会对威尔逊国际关系理念的过度宣传激起了全世界对美国和威尔逊本人不切实际的期望。但

---

①② "The Committee on Public Misinformation", *New York Times*, July 7, 1917, P. 7; "Attacks Creel Committee", *New York Times*, April 1, 1918, P. 12. 资料获取自 https://timesmachine.nytimes.com/timesmachine/1917/07/07/96253597.pdf, 2019-11-29.

③ "Asks Who Authorizes Creel Propaganda", *New York Times*, February 5, 1918, P. 11.

④ Gregg. Wolper, "Wilsonian Public Diplomacy: The Committee on Public Information in Spain". *Diplomacy History*, 1993, Volume 17, No. 1, pp. 17-34.

89

在随后的"巴黎和会"上,印度、埃及和朝鲜的要求无一得到满足,委员会精心打造的美国形象也随之破灭。许多殖民地和半殖民地的民族主义者由此放弃了依赖美国实现民族自决和国家平等的幻想,转向激进的、反西方的民族主义,威尔逊的自由国际主义思想也从此失去了吸引力。

第五节
本章小结

20世纪初,美国国内和国际环境的诸多变化建构出了美国全新的国家身份和国家利益。与之相伴,与美国外交政策相关的世界观、原则化信念和因果信念都得以重新建构,威尔逊的"自由国际主义"观念被制度化,而其中最有代表性的就是公共信息委员会的创立。委员会将商品"推销"作为其文化国际传播观念,在全世界范围内以多种媒介渠道和策略传播威尔逊的国际关系理念。美国文化的"推销"观念包含三个方面。首先,美国摆脱了19世纪孤立主义传统,主动介入国际事务之中;美国的国家身份已经从"孤立主义"大国变为西半球强国。其次,进步主义运动扩大了美国政府的权限,为威尔逊政府介入文化事务奠定了"原则化信念"基础。最后,美国政府不效仿其他殖民帝国扩张殖民地的做法,而是意图通过经济、文化和思想的传播获得大国地位。因此,美国在文化国际传播和大国地位之间建立了"因果信念"。

在德国宣传活动的刺激下,美国在第一次世界大战之后两个月就迅速建立了公共信息委员会,决心不采用德国式的"政治宣传"方法,而是转而用一种"推销"的观念指导其文化国际传播活动。该委员会尤其重视公众舆论,并利用一切手段将美国的信息传递给国外受众,以期在世界范围内影响公众舆论。公共信息委员会文化国际传播的另一个重要观念是"细分受众",即根据不同受众国家的特点选择传播内容、传播策略和预期效果。委员会的文化国际传播活动完全以争取人心为目标,因此大多采用单向传播手段展示具有美国特性的内容，如美国人的生活方式、先进的农工商业水平、美国的民主共和政体、美国人民的性格等。在传播内容方面，威尔逊的和平主义思想是委员会的传播重点。

在传播策略方面，委员会通过当时技术条件下多种媒介渠道对外传播美国文化，尤其重视电影媒介的作用。威尔逊政府开创了文化国际传播"公私合作"的模式，与美国电影业建立起了合作关系，但同时也开创了电影审查的先例。委员会还充分利用总统演讲和人际传播等渠道向国际社会传播美国政治文化。

第一次世界大战结束后，随着威尔逊自由国际主义的破产，美国在对外政策方面退回"孤立主义"传统。同时，在国内自由主义者的压力下，公共信息委员会迅速解散，但其文化国际传播观念与策略却持续影响美国之后的相关实践。

第五章

文化国际主义观念与美国非政府文化国际传播策略的历史建构（1919~1936年）

第一次世界大战给人类带来了空前的灾难。战后，西方国家一些人文主义学者开始反思"文明"的本质，并逐渐意识到人类文明十分脆弱，其存续和发展不是一个自然而然的过程，而需要人类持续为之付出努力。因此，一种人文主义的文化观念开始在西方国家兴起，其主张不同国家的人民通过国家间平等的文化交流避免战争、维护和平，建立国际关系新秩序。受此影响，大量文化国际交流机构开始在西方国家得以创立，一种被历史学家入江昭称为"文化国际主义"的观念逐渐扩散到全球范围，最终形成了一场文化国际主义运动。人们开始试图通过教育和文化改造人类的思维与感情，遏制战争爆发。随着文化国际主义传入美国，以及哈丁和柯立芝政府退出文化国际传播领域，美国国内开始出现大量非政府文化国际传播机构，它们在观念和策略上既继承了美国早期个人和慈善机构的国际传播传统，又为美国之后的文化国际传播开启了新时代。

第五章　文化国际主义观念与美国非政府文化国际传播策略的历史建构（1919～1936年）

第一节
文化国际主义的观念建构

文化国际主义是兴起于第一次世界大战之后的一种国际思潮。以英法等国的人文知识分子主张抛弃过去的权力政治观念对于文化传播活动的宰制，认为服务于狭隘民族主义的政治宣传不会给世界带来和平。在对"文明"和"文化"两个概念的对比之中，他们主张只有国家间平等的文化交流活动才能让人类文明存续。持有这种主张的知识分子构成了一个"认识共同体"[①]，其影响力从欧洲一直传入美国，与威尔逊的理想主义外交政策结合，并嵌入美国文化国际传播体制，对之后美国的相关政策持续发挥影响力。

一、作为"霸权性意识形态"的"和平"——原则化信念的重构

1914 至 1919 年历时四年半的第一次世界大战是欧洲历史上破坏性最强的战争之一：参战国家达 33 个，投入军队超过 7 000 万人，全球共 15 亿人被卷入战争，有 1 000 多万人丧生，2 000 万人受伤。战争造成的经济损失高达 2 700 亿美元，其对于人类文明的破坏难以计算。[②] 战争的残酷促使一些西方人文知识分子开始反思国际关系领域的一些传统观念。在反思

---

① Hass, Peter M., "Introduction: Epistemic Communities and International Policy Coordination", *International Organization*, 1992, Vol. 46, pp. 1 – 35. 转引自［美］朱迪斯·戈尔茨坦、罗伯特·基欧汉编:《观念与外交政策：信念、制度与政治变迁》, 刘东国、于军译, 北京大学出版社 2005 年版, 第 11 页。

② 参见陈瑞云主编:《大学历史词典》, 黑龙江人民出版社 1988 年版, 第 921～922 页。

热潮中，和平在当时成为一种"霸权性意识形态"①。意大利马克思主义思想家葛兰西首次使用该词，指称那种将整个社会团结起来的思想观念。在他看来，一个社会中的个体需要团结在一套观念体系中，而这套思想观念往往由一批精英分子所提出，用来维持社会中某种程度的秩序和凝聚力。这种观念非常深入人心，即使这些精英分子的反对者也在有意或无意中使用它们。"和平"在20世纪20年代正是这样一种在全世界范围内占主导地位的思想观念。它暂时超越了某个阶级或者民族，成了当时讨论国家和国际事务方面的主导框架。在此框架中，和平的世界被当作一种正常和规范的状态，而战争则被视为失常状态。1928年，《凯洛格——白里安公约》签署，和平思想观念在国际关系领域以国际公约的形式被体制化。

在这种思维框架下，西方一些人文知识分子开始挑战一些国际政治中长期存在的观念，首先就是"生物决定论"。1859年，达尔文发表的《物种起源》一书在欧洲引发了极大反响。"适者生存"的生物学理论很快被社会历史学家运用到社会学领域。"社会达尔文主义"代表人物赫伯特·斯宾塞（Herbert Spencer）认为：社会政治学科必须承认和采纳生物学的普遍真理，决不能由于人为地把那些最不会生活的人保留下来而违反自然选择原理。② 政治家们将这种理论引入国际关系中，自然会得出一种"霍布斯文化"下的无政府状态③，即斗争是国际关系的常态，也是国际关系进展的动力；在无政府的国际社会中，强大的国家最终将淘汰弱小的国家。社会达尔文主义者坚信赢得战争是一个民族最优秀的特征。但是，第一次世界大战证明了以生物决定论的视角看待国际关系是错误的。诺曼·安吉尔（Norman Angell）就指出战争既不能保证"适者生存"，也不能推动国

---

① 参见［意］安东尼奥·葛兰西：《狱中札记》，曹雷雨、姜丽、张跣译，河南大学出版社2016年版。
② 《剑桥大学新编剑桥世界近现代史：第十一卷》，中国社科院世界历史研究所译，中国社会科学出版社1999年版，转引自储召锋：《诺曼·安吉尔国际政治思想解读》，载于《辽东学院学报》（社会科学版）2011年第13卷第3期。
③ "无政府状态的三种文化：即霍布斯文化，洛克文化和康德文化"的分类来自［美］亚历山大·温特：《国际政治的社会理论》，秦亚青译，上海人民出版社2018年版。

家进步。①

在这种环境下,和平研究成了世界各国国际关系研究的主要关注领域,"和平"在近现代历史上第一次成为严肃学术思想的研究主题。正如哥伦比亚大学历史学家、战后和平运动重要人物詹姆斯·肖特维尔(James Shotwell)所指出的那样:探究和平实际上是一种思想事业,一种需要将"过去的狭隘思想概念变成一种世界观点的有意识的努力"②。

二、何以"和平"?——因果信念的反思

既然世界和平已经成为主导性的观念框架,那么战后的人文知识分子就沿着这一逻辑出发,探究其背后的因果信念,即如何才能实现世界和平?在对"文明"和"文化"概念的反思热潮中,后者在国际关系中的价值开始被重视。斯宾格勒曾在《西方的衰落》一书中提出:"文化代表了人类创意之花的绽放。文化有灵魂,而文明是机械而且粗俗的……每一种文化都有自我表达的可能性,而且这种可能性产生、成熟、衰落最终消逝,一去不复返。"③ 在他看来,文明是文化逐步衰败,直至死亡的状态。第一次世界大战的惨痛教训让这些知识分子认识到文明的发展和进步不是必然的,而需要人类共同努力。

第一次世界大战后的诸多反思产生了一个重要结论,即人类需要建立新机制来促进不同文明之间的交流沟通,以求国际互谅,进而实现世界和

---

① Angell, Norman. *The Great Illusion*, New York and London, 1913, pps. ix – xiii, passim, 381 – 382. 获取自 https://wwi.lib.byu.edu/index.php/Norman_Angell%27s_The_Great_Illusion, 2009 – 06 – 01/2019 – 07 – 16.

② 《肖特维尔备忘录》,1932 年 5 月 31 日,ED25/35,伦敦,公共档案局教育委员会档案,转引自 [美] 孔华润主编:《剑桥美国对外关系史(下)》,新华出版社 2005 年版,第 97 页。

③ Spengler, Oswald. (1926/1939) *The Decline of the West*, translated by Charles Francis Atkinson. New York: Alfred A. Knopf Inc. Volume One, *Form and Actuality*, first published 1926, originally published in 1918 in Muünchen. Volume Two, *Perspectives on World History*, first published 1928, originally published in Muünchen. 转引自 Reeves, Julie. *Culture and International Relations: Narratives, natives and tourists*. New York: Routledge, 2004, P. 39.

平的目标。这种因果信念通过国际机构的建立得以制度化，国际联盟的创立就是明证。阿尔弗雷德·齐默恩（Alfred Zimmern）曾经评价道，"国际联盟（国联）的创立在很大程度上反映了变化的历史语境，并且为之后的讨论提供了新的素材"①。

国际机构的建立也赋予了"文化"工具化的角色，使其在战后的国际关系领域获得重要地位。"文化"的概念在第一次世界大战之后走到历史前台，并不完全是对战争的"条件反射"，也不是出于盲目的理想主义，而是在文明可能崩溃的恐惧环境下，文化的人文主义观念开始体现其自身吸引力。考虑到当时"生物决定论"已经失去了人们的信任，而文明真正的本质仍悬而未决，将文化的人文主义观念应用到国际关系领域也是理所当然的。齐默恩认为各国人民需要付出努力来提升国家之间的相互了解，而人民也可以影响各自国家的对外政策。他指出："这个时代常犯下的错误之一就是相信国际间的相互理解可以不由人力介入而自然而然地发生。"② 而这一时期国际关系领域重要的进步就是区分了无须人力介入而"自动"产生的结果（比如经济互相依存）和需要人力介入的"真正的"相互理解（比如国家间的文化交流）。正是基于这种区分，文化的人文主义观念在国际政治领域才开始发挥重要作用。

文化的人文主义观念兴起于英法两国，尤其深受马修·阿诺德的影响。阿诺德在其著作《文化与无政府主义》中认为"文化"是"最美好的事情"，是"对于完美的追求"，而在"一战"后，其目标则变成了在国际范围内追求这种美好的事情，并且将这"美好和阳光"（sweetness and light）通过交换"最好的东西"得以实现。阿诺德还认为如果人们变得更加有文化（cultured），那么他们就会改变自己的行为习惯，这也意味着他们会更加开化（civilized），并进而影响国际关系的本质。从短期来看，这

---

① Zimmern, Alfred E. *The League of Nations and the Rule of Law 1918 – 1935*. London: Macmillan & Co. Ltd., 1936, P. 176, 获取自 https://archive.org/details/leagueofnationsa009378mbp/mode/2up, 2006 – 10 – 30/2019 – 09 – 18.

② Zimmern, Alfred E. *The Prospects of Democracy and Other Essays*. London: Chatto & Windus, 1929, P. 55.

第五章　文化国际主义观念与美国非政府文化国际传播策略的历史建构（1919~1936 年）

可以避免战争发生；从长期来看，这会建立新的国际秩序。[①] 当然，阿诺德想象的是"文化"在英国社会中扮演此种角色，而战后一些学者则认为这种想法理应延伸至国际层面。教育不可避免地将在全球变局当中扮演重要角色，而所有此类观念都被归类在一个宏观概念下：国家间的文化关系（international cultural relations），其主张人们可以通过平等交流变成更好的人。这种观点后来被日裔美籍历史学家入江昭概括为"通过思想和人员交流、学术合作或者其他方式达成国家间相互理解的努力，来承担国与国和人民与人民互相联系的各种任务，称为'文化国际主义'"[②]。

文化国际主义者认为国家间的文化沟通、理解与合作是实现国际和平与秩序的基本前提。国际联盟从一开始就赞同这种观念，它在 1921 年宣称："如果成员国之间没有相互的学术交流精神，任何国家间组织都无望存在。"[③] 这里的"学术交流"明显不同于战争期间各西方大国的文化宣传活动，而是一种知识分子之间超越国界的相互合作。一些英法人文知识分子号召建立一个人类智力联盟，促进彼此相互理解。因此，国际联盟设立了国际智力合作委员会（International Committee on Intellectual Cooperation），专门负责各国文化和学术精英之间的学术、文学和艺术交流。

文化国际主义观念产生于"一战"后的反思热潮。在这场战争中，各国学者、艺术家、新闻记者和其他文化人士将各自国家的利益高高置于国际主义之上。战后他们逐渐意识到基于狭隘民族主义观念的文化宣传并不能带来世界和平，而战争带来的国际体系的崩溃反而会祸及其中的每个国家。因此，各国人文知识分子开始认识到自身的责任在于跨越国家间的差异，追求世界和平；即使退而求其次，那么至少也应当在各国刀枪相向时

[①] ［英］马修·阿诺德：《文化与无政府状态：政治与社会批评》，韩敏中译，生活·读书·新知三联书店 2008 年版，第 11 页。

[②] Iriye, Akira. *Cultural Internationalism and World Order*. Baltimore and London: The Johns Hopkins University Press, 1997, P. 3.

[③] 国际联盟：《道德裁军》，1932 年 2 月 24 日，原始资料获自 https://libraryresources.unog.ch/ld.php? content_id = 31320509，2019 - 09 - 18。

维持各国文化层面的沟通,以减少战争带来的创伤。由罗曼·罗兰起草的《精神独立宣言》就反映了这种观念:"我们是在为人类工作,然而是为了全体人类。我们不知道各个不同的民族。我们只知道人民,特殊而又普遍的人民;受苦和奋斗的人民,跌倒了再崛起,永远沿着他们的血汗所渗透的崎岖之路前进;人民,所有的人,都是我们的兄弟。为了使他们也能像我们这样实现博爱的大同,我们要在他们盲目的纷争上高举圣约柜——精神,自由、永恒、单一而又多元的精神。"① 各国学术精英不应以所谓爱国主义的言辞激励其国民去憎恨他国民众,而是应该去教导他们摆脱沙文主义,并转而关心整个人类的共同命运。

在文化国际主义的概念框架中,文化被看作国家间互换的"礼物"。作为"礼物"的文化交换(cultural interchange)是在政治、外交、经济和军事之外处理国际事务的另一种方式。一些学者认为官方和国家层面的文化外交,与更普遍的旨在加强两国人民间关系的文化交流之间应该有所区分。英国前外交官米切尔曾分析过"文化外交"和"文化关系"两者的区别。他指出前者是一种"国家支持和规划的文化传播活动",而后者则需要国家"展示其最好的一面"②,但这仍然是一种国家层面的"推销"或者"广告"行为,甚至成为国家政治宣传的一部分。与其不同,入江昭的文化国际主义概念则抓住了国际文化关系或"文化交换"背后的世界主义精神(cosmopolitan spirit)。

国家需要自我推销的观念由来已久,并指导了美国"公共信息委员会"的文化国际传播实践。但是"一战"结束后出现的作为"礼物"的文化交换观念却体现了两次世界大战之间的文化国际主义精神,其目的在于以人文主义的方式在不同民族之间建立文化联系,而这种联系不仅限于精英和国家层面。比如以书籍、学生或者大熊猫等形式交换的"文化"可以

---

① [法]罗曼·罗兰:《罗曼·罗兰文钞》,孙梁译,广西师范大学出版社 2004 年版,第 102 页。
② Mitchell, J. M. *International Cultural Relations*. London: Allen and Unwin in association with The British Council, 1986, P. 81.

第五章　文化国际主义观念与美国非政府文化国际传播策略的历史建构（1919~1936年）

促成不同国家民众之间的互相理解，而这是很多政府官员、大使和各类官方机构无法达成的目标。

在这种文化国际主义的观念中，创造一种可以促进跨文化交流的全球通用语言十分必要。1887年，波兰籍犹太人柴门霍夫（Ludwig Zamenhof）创立了世界语（Esperanto）这一辅助语方案，并在同年出版了世界语第一本教材《国际语言》（*International Language*）。人们开始相信如果种族和民族之间的语言差异不再是文化交流的障碍，每个人就都能以平等的方式参与到国际文化交流中。很多法国知识分子积极参与这项运动。1905~1914年期间，他们共举办了十次"国际语大会"，证明了第一次世界大战前文化国际主义精神依然活跃。

两次世界大战期间使学者们倍感兴趣的是文化国际主义精神，而他们对于仅限于国家层面的文化外交却不那么感兴趣。齐默恩曾经敏锐地注意到"问题在于促进国家间的互相理解（mutual understanding），而不是国家间的'互爱'（mutual love）……国家间文化交流活动的根本目的在于建立一种文化关系，而不是情感关系。这种关系应该加深彼此了解，增加双方关于彼此的知识（mutual knowledge），而不是友谊或者一种喜爱的感情。"[①] 国家之间可能不喜欢彼此，但是却应尽全力了解彼此。这种对于智识上的理解（intellectual understanding）和相互知识（mutual knowledge）的重视在当时是一种流行观念。

第二节
美国非政府文化国际传播的策略建构

20世纪20年代末，美国各类慈善基金会和学术团体将理想主义目的

[①] Zimmern, Alfred E. *The Prospects of Democracy and Other Essays*. London: Chatto & Windus, 1929, pp. 54–55.

与非政治化组织手段灵活结合，逐步制定出美国非政府文化国际传播策略。非政府组织的管理者坚信世界和平与繁荣不取决于资本主义的扩张本能，而是建立在人类心智当中的一些共同特性之上。因此，他们提倡文化和思想的自由流动，警惕欧洲大陆式集权民族主义的威胁。反对政府介入文化事务是美国自由主义传统的一部分，之后的相关项目也一直坚持"私人"和"自愿"原则。这种由私人力量主导的文化国际传播制度在美国的政治传统和多变的国际环境之间取得了一种平衡，使美国国内各方力量都能参与到跨国智力合作之中。

一、文化国际主义"认识共同体"的建立——从欧洲到美国

戈尔茨坦和基欧汉在《观念与外交政策：信念、制度与政治变迁》一书中提出了能够影响外交政策的三种观念范畴，即世界观、原则化信念和因果信念。他们认为在社会生活方面，这三方面的观念往往连接起来，形成一张无缝的网，比如，彼得·哈斯及其他学者所研究的"认识共同体"（epistemic communities），其由一些专家组成，既持有因果信念，又持有规范性和原则化信念。[①] 两次世界大战期间欧美知识分子中形成了这样一种"认识共同体"，其在国家权力与社会民众之间斡旋协调，抑制了极端国家主义对于文化国际主义精神的破坏。

1922年国际联盟建立的国际智力合作委员会（ICIC）正是这种"认识共同体"的代表。它是世界上最早设立的提倡文化国际主义的国际机构，也是重要的文化交流机构之一。委员会的目标是促成国家之间学术、学生、图书和观点的交流。英国历史学家查尔斯·韦伯斯特（Charles Webster）曾经写道："当下时代最重要的问题之一是如何在所有民族心中培养一种对其他国家态度的理解。这不仅会带来物质上的益处，而且也会把不

[①] [美] 朱迪斯·戈尔茨坦、罗伯特·基欧汉编：《观念与外交政策：信念、制度与政治变迁》，刘东国、于军译，北京大学出版社2005年版，第一章。

第五章　文化国际主义观念与美国非政府文化国际传播策略的历史建构（1919~1936年）

同国家的文化和智识生活互相联系起来。"[1] 国际智力合作委员会的建立就满足了这一与日俱增的民族间智识和文化接触的需求。它积极赞助了一些世界级顶尖学术与艺术人物之间的观点交流。最著名的例子是1932年埃尔伯特·爱因斯坦和西格蒙德·弗洛伊德关于战争与和平的信件交换。[2] 两人表现出了对世界和平乐观的态度，并主张通过具有国际主义精神的个体间的主动合作使人类摆脱战争的威胁。

在1919年召开的"巴黎和会"上，比利时代表保罗·海曼（Paul Hyman）首先提出建立某种国际智力合作组织的倡议，其目的在于"发展各国之间的道德、科学和艺术关系，并通过一切手段证明一种国际思想共同体正在形成"[3]。其在巴黎和会上提出了构建"国际文化关系"（international intellectual cooperation）的提案，然而却未获得赞同，最后海曼不得不撤回这一建议，《国际联盟公约》也没有包含任何关于智力合作的条款。[4]

然而，在巴黎和会之后，各方不断提出建议，认为国际联盟应该启动一个新的智力合作项目。1922年，法国国际联盟协会提出有必要建立"国际智力交流和教育局"，并认为思想、文学和科学出版物之间更紧密的交流对于国际联盟的稳定和持久发展极为重要。换言之，法国协会认为智力合作应该成为国际联盟的道德基础，而这一观念随后也被"国际智力合作委员会"继承和发展。

在1920年国际联盟的第一次大会上，智力合作的问题得到了广泛的讨论。比利时、罗马和意大利共同建议理事会建立一个"国际智力劳动组织"[5]。大会第二委员会接受并批准了这一动议，任命亨利·拉方丹（Hen-

---

[1] Webster, C. K. and Herbert, Sidney. *The League of Nations in Theory and Practice*. London: George Allen & Unwin Ltd, 1933. P. 29.

[2] 两人信件内容获取自：https://en.unesco.org/courier/may-1985/why-war-letter-albert-einstein-sigmund-freud, 2020-1-21.

[3][4] David Hunter Miller. *The Drafting of the Covenant*, Vol. 1. New York: G. P. Putnam's Sons, 1928, pp. 349-350.

[5] League of Nations. *The Records of the First Assembly*, *Meetings of the Committees*, I, Geneva, 1920, P. 271.

ri La Fontaine）为报告起草人，在其提议之下，国际联盟最终通过了决议案，促进跨国学术和文化交流。

随后，国际智力合作委员会（ICIC）于1922年成立。该机构的宗旨是通过促进艺术家、科学家、作家和大学教师之间的跨国交流，帮助改善知识工作者的物质条件，最终实现世界和平与稳定。该委员会邀请了各领域具有代表性的知识分子出任委员，哲学领域的亨利·博格森，物理学领域的阿尔伯特·爱因斯坦、居里夫人和希腊古典学领域的吉尔伯特·穆雷参加了该委员会，其他医学、生物学、历史、法学等领域也都有知识分子参加。

虽然目标崇高，但国际智力合作委员会并未得到国际联盟充足的资金支持。于是，法国政府开始对其全面资助。法国政府同意委员会将总部设在巴黎，并设立"国际智力合作研究所"（International Institute of Intellectual Cooperation，IIIC），并由齐默恩担任副所长。该研究所在制度层面上独立于国际联盟，但成员则来自国际联盟下属的"国际智力合作委员会"。研究所在20世纪30年代开展了颇多有益的工作，目标在于"协调重要科学家和学者之间的会议，举行国际会议，鼓励世界各大学之间加强合作，促进学生交流，并普遍促进……相互了解和自我认知"①。

另外，1923年，中欧、东欧的12个国家也各自建立了智力合作国内委员会，为知识分子提供帮助，截至1929年，这一数字增加到了25个国家。以1926年设立的美国智力合作国内委员会设置常设秘书处为开端，其后各国效仿美国的做法，设置常设秘书处与全职事务员成为惯例，并在各国间得到了普及。②

国际智力合作委员会随后逐渐发展成为一个解决知识、文化活动相关各类问题的综合性组织。例如，齐默恩曾经提出过在国际上建立一个国际

---

① Wilson, Peter, "Gilbert Murray and International Relations: Hellenism, liberalism, and international intellectual cooperation as a path to peace", *Review of International Studies*, 2011, No. 37, P. 903.
② ［日］篠原初枝：《国际联盟的世界和平之梦与挫折》，牟伦海译，社会科学文献出版社2020年版，第109页。

第五章 文化国际主义观念与美国非政府文化国际传播策略的历史建构（1919～1936年）

借阅图书馆的建议，但是由于该方案缺乏可操作性，一直被搁置。但委员会经过来自各大图书馆的专家齐集一堂的讨论，认为推动各国图书馆更顺利地建立合作关系是可行的做法。1927年，国际图书馆联盟（International Federation of Library Association，IFLA）在罗马成立。与此类似，在博物馆领域的合作系统以各国国内的统合性团体的方式推进合作机制的建立，由国际博物馆事务处（International Museums Office，IMO）负责相关事务的推动。①

国际联盟还通过"国际智力合作委员会"尝试修正其成员国的历史教育。国联的支持者认为该机构的成败与否长远来看取决于公众舆论的支持，而公众舆论对教育也有极大影响。国际联盟清楚意识到国家忠诚感的力量，因此并没有寻求废除国家史的教学，而是致力于把一种"国际思想共同体"（international mind）的精神注入其中。为此，国际联盟倡导各成员国修改历史教材和教学大纲，并重新培训历史教师，反思历史教学方法。各国政府将一些与国际联盟相关的研究加入课程大纲当中，但受限于各方条件，并没有满足国际联盟的全部诉求。尽管如此，国际联盟尝试把历史教育"国际化"的做法还是开启了关于如何平衡国家史和国际史教学的讨论，其影响一直延续至今。

客观上看，国际联盟的教育目标是在学生心中撒下"国际思想共同体"的种子，这是一种颇为诱人的文化国际主义观念。但被忽视的事实是，"国际思想共同体"的达成并不需要个人放弃国家身份或爱国主义，而是应接受其他国家的人民也同样拥有独特的民族身份，并联合他们构建一个全球共同体。民族国家既是一种历史和政治的现实，也是一种精神上的必需品。民族国家的存在使有组织的社会生活成为可能，并且满足了人们对于身份和归属感的需求。因此，关键并不在于彻底消除民族主义，而是抑制其中排外和高人一等的心态，而历史教育对此可以发挥重要作用。

---

① ［日］篠原初枝：《国际联盟的世界和平之梦与挫折》，牟伦海译，社会科学文献出版社2020年版，第109页。

从20世纪20年代开始，国际联盟的国际智力合作委员会就对此展开了讨论。1923年召开的国际智力合作委员会大会上通过了一项决议，其主旨为：为加深各国间的相互理解，大学不应当一味地讲授煽动敌对情绪之类的内容，并呼吁历史教师减少在历史教学中以爱国主义为名讴歌虚荣和傲慢，而把重点放在发明、艺术、贸易等主题上，以促进国家间的合作。

国际联盟的历史教学改革计划包括九个要素。第一，必须清除现有教科书中的民族主义偏见，理想的情况是，委托更多具有国际共同体意识的书籍取而代之。第二，必须强调国家间的相似性而不是差异性。第三，政治和军事史必须让位于社会史和普通人的历史。第四，必须围绕"文明的进步"这一主题来教授世界历史，在这一进程中，所有国家和阶级做出的贡献都要得到适当描述。第五是必须避免一切美化战争的行为，而应强调其他解决国际争端的手段。第六，学校必须将国际联盟的目标、组织和成就加入教学大纲。第七，传统的说教是不够的，必须让学生参与更多的体验式活动。第八，如果学生想内化合作、正义和互惠等价值观，那么他们必须在课堂上以行动体验这些价值观。第九，虽然教学法很重要，但教师的个性和热情是对学生创造真正的联盟精神最有影响的因素，因此教师培训不可忽视。[1]

此外，国际智力合作委员会认为，向青少年讲解国际联盟的事业与精神也是重要的课题。1923年，依据英国驻国联代表艾迪斯·利特尔顿（Edith Lyttelton）女士的建议，大会通过决议，要求各国政府向各国儿童、青少年普及推广"国际联盟的本质、目标以及《国联盟约》精神的决议案，具体政策的实施委托给国联信息部，同时官方和民间教育机构也予以协助"[2]。通过教育实现和平的尝试在国际联盟的参与策划基础上也得以付诸实现。该问题被提交给国际智力合作委员会，1927年国际智力合作委员

---

[1] Osborne, Ken, "Creating the 'International Mind': The League of Nations Attempts to Reform History Teaching, 1920 – 1939", *History of Education Quarterly*, 2016, Vol. 56, No. 2.

[2] ［日］篠原初枝：《国际联盟的世界和平之梦与挫折》，牟伦海译，社会科学文献出版社2020年版，第111页。

第五章　文化国际主义观念与美国非政府文化国际传播策略的历史建构（1919～1936 年）

会提出了几项政策，其中之一是在日内瓦和巴黎设立教育相关的国联信息中心。出于教育相关信息共享的必要性，1928 年的大会上决定发行杂志《教育调查》，另外还制作了面向教员的小册子《国际联盟的目标与组织》。

截至 1930 年 1 月，国际智力合作委员会共成立了 6 个分支委员会，承担的领域分别为：各大学间的关系、科学与文献、艺术与文学、知识产权、面向青少年的国联宣传、教员交流。在巴黎与日内瓦从事智力合作的专职职员达到了一百名左右，另外在世界上 35 个国家里设置了智力合作国内委员会。关于智力合作的这些事业虽然并非国际联盟最初构想方案中所设计的，但却取得了很好的发展。

但随着法西斯主义的兴起，1933 年日本和德国退出国际联盟，随后的 1937 年意大利也退出国际联盟。1934 年，日内瓦裁军会议没有达成任何协议。1935 年和 1936 年，国际联盟也未能采取任何措施阻止意大利入侵埃塞俄比亚，并在解决西班牙内战的问题上被边缘化。1928 年的《白里安—凯洛格公约》[①] 被事实证明，所谓将战争"非法化"是毫无可行性的。在这种情况下，所谓"国际思想共同体"似乎越来越难以达到。

同时，在各国人文知识分子的推动下，当时世界范围内文化领域的各个项目都开始追求国际化：1928 年在布拉格召开了"流行艺术国际大会"（The International Congress on Popular Arts）；1929 年，当代音乐国际协会（The International Society of Contemporary Music）和博物馆国际办公室（The International Office of Museums）也宣告成立。所有这些机构背后的理念都是通过相互协作将文化事务"国际化"，并坚信只有此举才能促成国家间的相互理解，并由此实现持久和平。过去热衷于扩张主义，向政治家提供地缘政治"生存空间"学说的国际关系学者也开始改弦易辙，接受文化国际主义的学术理念，从世界的视角来研究政治、经济、社会和历史。

[①] Briand - Kellogg Pact（也称为 Kellogg Pact、Kellogg - Briand Pact 或《巴黎条约》）是国际法下禁止战争的条约，该条约于 1928 年 8 月 27 日在巴黎由最初的 11 个国家签署，至 1933 年共有 63 个国家签署该公约。

美国文化国际传播观念与策略的历史建构（1917~1945）

美国也是这种文化国际主义潮流中的一部分。参议院拒绝《凡尔赛条约》并没有阻碍美国文化国际主义者的热情。美国依然派出洛克菲勒基金会的雷蒙德·福斯迪克（Raymond Fosdick）出席"国际智力合作委员会"的相关活动。以英法为代表的欧洲国家的文化国际主义观念也渗透进美国精英阶层：美国哥伦比亚大学学者詹姆斯·肖特维尔（James Shotwell）和哈佛大学的查尔斯·哈斯金斯（Charles Haskins）都出席了巴黎和会。哈斯金斯很快意识到这个新的国际机构"认为每个国家都应该有一个或者一组机构，可以权威地代表这个国家的人文研究"[①]，但当时美国国内并没有此类组织。1919年9月，在美国历史协会（American Historical Association）的赞助下，一些学者在波士顿召开会议，一致通过章程，成立"美国学术团体协会"（ACLS），其目的在于将对文化关系有兴趣的工作人员聚集在一起。

在这些迅速涌现的组织当中，美国图书馆协会（ALA）在制定文化国际传播政策方面发挥了重要作用。在关于美国应否加入国际联盟的争论结束后，美国图书馆协会秘书长表示，"美国作为一个整体可能没有国际化思维（internationally-minded），但美国的图书管理人员却具有这样的眼光"[②]。美国图书馆协会成立了国际关系委员会，表现出对于图书馆海外发展的积极兴趣，并且率先设立了图书馆协会国际联盟（International Federation of Library Associations）。客观上看，美国图书馆协会此举源于一种基督教福音传道的观念。同时，20世纪20年代的美国图书管理员们已开始认为自己应服务于国家的公共舆论，承担重要的文化职责。在文化国际传播策略方面，各大基金会都认为印刷文字仍是跨国文化传播的主要媒介，因此他们都赞成美国图书馆协会的传播策略，并积极支持协会活动。在20世纪20年代，美国图书馆协会建立起了一整套文化传播项目，其中包括人员

---

① Kiger, Joseph E.. *American Learned Societies*. Washington D. C.：Public Affairs Press, 1963, pp. 160 - 162，190 - 198.

② Ninkovich, Frank A. *Diplomacy of Ideas*：*U. S. Foreign Policy and Cultural Relations*, 1938 - 1950. Cambridge：Cambridge University Press, 1981, P. 17.

第五章 文化国际主义观念与美国非政府文化国际传播策略的历史建构（1919~1936年）

互访、奖学金、图书馆培训和出版物交换。但受资源所限，协会对文化项目的热情远未得以施展。①

鉴于战后慈善组织的发展和公众对文化关系的兴趣日益浓厚，一些基金会开始发现在没有充分利用国家其他资源的条件下，文化项目所需的政策、资金和运营对于私人力量来说都是过于沉重的负担。随着战后美国对欧洲重建和远东的兴趣增加，一种更全面的整合性的文化全球传播机制变得十分必要。这就要求美国建立一个致力于国际间文化合作的机构。但是，美国政府尚且没有这样的官方组织，而且政府与大学和研究机构没有直接关系。因此，建立一个能够服务于国际关系和国际交流的统合性机构就非常必要。出于此种考虑，美国国际教育协会（Institute of International Education）于1919年成立。该协会是美国第一个专门致力于文化关系体制化的机构，其成为了美国一系列国际项目的信息交换中心。协会首任主席是纽约城市学院教授史蒂芬·达甘（Stephen Duggan）。他深受巴特勒的文化国际传播观念影响，认为在战后通过教育创造一种"国际思想共同体"非常重要。

1926年，在物理学家罗伯特·密立根（Robert Millikan）博士的努力下，作为国际智力合作委员会分支的"美国智力合作委员会"（Committee on Intellectual Cooperation）成立，这也标志着两次世界大战期间美国文化国际传播体制得以建立。其他委员会成员还包括伊莱休·鲁特（Elihu Root）、雷蒙德·福斯迪克（Raymond Fosdick），美国国家研究委员会的弗农·凯洛格（Vernon Kellogg）以及美国国会图书馆馆长赫伯特·普特南（Herbert Putnam）。他们都作为独立个体入会，但是当委员会收到研究委托的时候，他们都会加入进来。美国学术团体委员会（ACLS）、国际教育协会（IIE）和美国教育协会以及其他具有国际视野的组织都加入到美国智力合作委员会这个组织框架中。当时普遍认为文化和智力相关项目需要的是

---

① CEIP, *Annual Report*, 1935, P.44, 转引自 Ninkovich, Frank A. *Diplomacy of Ideas: U. S. Foreign Policy and Cultural Relations, 1938 – 1950.* Cambridge: Cambridge University Press, 1981, P.18.

教育和科学界的合作，而并不是与政府部门的合作。巴特勒就坚信文化项目应该属于"自由的范围"（sphere of liberty），而不是"政府的范围"（sphere of government）。① 因此，美国政府并没有任何支持这个委员会的举措，而委员会的资金则来自卡内基国际和平基金会和洛克菲勒基金会。

由于来自美国的压力，国际智力合作委员会从20世纪30年代开始就不只是一个学术信息的交换场所。委员会开始寻求把学术资源，尤其是政治科学和社会科学的资源用于解决现实的政治问题。在美国各大基金会的资助下，巴黎协会开始赞助一系列国际研究会议，希望找到当时困扰世界的问题的答案。尽管有一些学者反对这个计划，将其看作学术的贬值与堕落，但是巴特勒仍将其看成塑造公众舆论的第一步，坚信这会使"国际思想共同体"成为可能。②

巴特勒渴望的是"人类心灵的变化"，而舒特维尔则深信科学可以让共识取代偏见。因此，他试图让委员会"……专注于文化本身，寄希望于其可以改变政府的外部关系，从而形成一种新的国际环境，身在其中的各个国家可以分享彼此共同的文化兴趣，而不在经济和政治方面你争我斗"③。

在所有文化交流项目中，对建立一种国际语言的热情最能体现其背后的核心信念。从卡内基试图简化英语拼写开始，在所有此类尝试背后，都有一种信念：世界上的诸多问题都是由于沟通不畅导致的。用达甘的话来说，世界上存在着一种超越不同政府之间差异的人类统一体，但是人们只有聚集在一起才能理解它。而在巴特勒看来，人们一直在与《圣经》里的

---

① Josephson, Harold, James T. *Shotwell and the Rise of Internationalism in America*. Rutherford: Fairleigh Dickinson University Press, pp. 190 – 193, 资料获取自 https://archive.org/details/jamestshotwellri0000jose/page/190/mode/2up, 2019 – 09 – 04/2019 – 11 – 11.

② Josephson, Harold, James T. *Shotwell and the Rise of Internationalism in America*. Rutherford: Fairleigh Dickinson University Press, pp. 191 – 192, 资料获取自 https://archive.org/details/jamestshotwellri0000jose/page/190/mode/2up, 2019 – 09 – 04/2019 – 11 – 11.

③ Shotwell, James T., "International Understanding and International Interdependence", *National Study for the Study of Education, International Understanding Through the Public School Curriculum*. Bloomington, Ill.: Public School Publishing Company, 1937, P. 5, 12.

第五章 文化国际主义观念与美国非政府文化国际传播策略的历史建构（1919～1936年）

古老诅咒抗衡。他认为人类的问题从"巴别塔"时代①就开始了。随着人类语言的多样化，人们也随即分散开来，这个世界的组织和管理就开始出现问题。如果国家间的语言差异导致了狭隘的民族主义，那么跨越语言的藩篱就标志着在建立"国际思想共同体"方面的巨大进步，并且由此可以把人类带回自然的、前政治化（prepolitical）的互相理解的状态。②

但是所有人都意识到在"巴别塔"的隐喻中，语言差异只是诸多需要逾越的障碍之一。尽管国际贸易和通信技术不断发展，但国家间的互相依赖却与民族主义的不断强化相伴相生。而这种国家主义与国际主义之间的张力，也将会在随后美国的文化国际传播观念和策略当中不断得以体现。

二、作为美国非政府文化国际传播策略"路线图"的文化国际主义观念

由于"一战"削弱了美国对外政策传统的原则与秩序，因此战后美国相关政策处在激烈变化之中。与之相伴，美国文化国际传播的观念在这一时期也得以重构，并进一步建构出了美国非政府文化国际传播策略。第一次世界大战后，绝大多数美国人都已经逐渐厌倦理想主义运动，并开始怀疑以威尔逊为代表的改革运动的领袖们。威尔逊的继任者，共和党总统候选人沃伦·哈定正迎合了战后美国人的心理。在波士顿的演讲中，哈定提出"美国现在需要的不是英勇行为，而是治疗；不是改革灵药，而是正常状态；不是革命，而是恢复；不是鼓动，而是调整；不是手术，而是平静；不是戏剧性，而是平心静气；不是实验，而是平衡；不是沉浸在国际

---

① "巴别塔"出自《圣经·旧约·创世记》第11章，当时人类联合起来兴建希望能通往天堂的高塔；为了阻止人类的计划，上帝让人类说不同的语言，使人类相互之间不能沟通，计划因此失败，人类自此各散东西。此事件为世上出现的不同语言和种族提供了一种宗教神话解释。
② IIE, *Fifteenth Annual Report of the Director*, New York, IIE, 1934, P. 9, 获取自 https://www.iie.org/en/Why‐IIE/Annual‐Report.

性之中，而是保持能够带来胜利的国家性"[①]。

与威尔逊宏大的国际主义形成对照，哈定许诺要"首先保护美国……首先提升美国，首先为美国而生活并尊敬美国"。哈定对于"返回正常状态"和"美国优先"的许诺使他获得了1 600万张选票，证明1920年的美国人在外交政策观念上已经彻底抛弃了威尔逊的自由国际主义理念。接替沃伦·哈定的卡尔文·柯立芝也是一位保守主义者。如果说哈定奉行的是"保守国际主义"外交政策，那么柯立芝甚至回退到了19世纪的"孤立主义"政策。[②] 总的看来，20世纪20年代被人们称为"孤立主义"的外交路线反映了美国人对威尔逊通过军事和外交手段在海外寻求建立自由和民主的努力极度失望。因此，这一阶段的外交政策主要是通过私人和非政府渠道得以实施的，美国文化的国际传播活动也是如此。"一战"后，在文化国际主义观念的影响下，美国文化国际传播相关的"原则化信念"和"因果信念"都已发生改变。因此，美国暂时放弃了"一战"中公共信息委员会的文化"推销"策略，转而选择一种非政府的文化国际交流方式。

但从客观上看，美国非政府文化国际传播策略并不意味着其不服务于国家利益。通过详尽分析美国此阶段的文化国际传播政策，可以发现它们与20世纪20年代美国"门户开放"政策保持一致。文化事务和对外政策方面的"自由放任"策略解决了当时美国面临的一个基本问题，即如何在不依赖国家力量，且不把美国拖入国际政治泥潭的前提下实现其全球利益。因此，从一种宏观历史角度看，正是两次世界大战期间20年的历史语境建构出了美国非政府文化国际传播的观念和策略。

[①] 原文为"America's present need is not heroics, but healing; not nostrums, but normalcy; not revolution, but restoration; not agitation, but adjustment; not surgery, but serenity; not the dramatic, but the dispassionate; not experiment, but equipoise; not submergence in internationality, but sustainment in triumphant nationality." 转引自 John W. Dean. *Warren G. Harding: The American Presidents Series: The 29th President*, *1921-1923*. New York: Time Books Henry Holt and Company, 2004, P. 57.

[②] 王立新：《踌躇的霸权：美国崛起后的身份困惑与秩序追求 1913-1945》，中国社会科学出版社2015年版，第178页。

第三节
文化国际主义观念的国家主义转向与美国非政府文化国际传播策略的解体

20世纪20年代末至30年代初，世界局势发生了剧烈动荡。1929年10月，源自美国的经济"大萧条"波及主要西方国家；在德国和日本，纳粹势力日渐猖獗。在空前的经济危机中，美国非政府组织逐渐无力承担文化国际传播活动；而在纳粹宣传攻势下，各西方大国都开始意识到文化的国际传播对于国际关系的巨大影响力。因此，曾经盛行于20年代的文化国际主义观念开始发生国家主义转向：以美国为代表的各西方大国政府开始逐步介入文化传播事务，并主张其应服务于民族国家利益，美国非政府文化国际传播策略也宣告解体。

一、"大萧条"与纳粹兴起——"原则化信念"的转向

自1929年10月24日的美国股灾开始，一场全球性的经济大衰退席卷整个世界。"大萧条"是20世纪持续时间最长、影响最广、强度最大的经济衰退。在美国对外关系方面，"大萧条"的到来更是雪上加霜。"一战"后盛行10年之久的多边经济体系寿终正寝，保护主义和自给自足的政策回归。而日本在1931年发动的"九一八"事变更是挑战了"一战"后的国际秩序。当时的战后国际秩序和美国对外政策都是基于一种更为注重经济和文化关系的和平观念。这种观念建立在国内的民主、资本主义制度与海外的经济相互依存和文化交流之上。但是，空前的经济危机导致人们对资本主义和自由主义产生了怀疑和反思，并就此改变了诸多"原则化信念"。

在国内政治方面，罗斯福上台后开始重构"自由主义"观念。在

19世纪的美国，"自由主义"主要指以有限政府和自由市场经济为主要特点的政治理念。但是罗斯福却利用"炉边谈话"等宣传手段传播了自己对于"自由"的理解。他认为"自由"意味着让普通人拥有更大的安全感，尤其是在经济方面，应该有"免于匮乏的自由"。为达此目标，美国联邦政府不应只采取"自由放任"政策，而应该扩大权限，根除美国社会的经济不平等，保证普通公民"免于匮乏的自由"。① 这种"原则化信念"的重构彻底颠覆了之前美国"有限政府"的传统理念，并为之后罗斯福政府把文化国际传播正式纳入政府外交框架奠定了观念基础。

在对外关系方面，"原则化信念"也发生了变化，并在美国国内产生了一个"认识共同体"，其中的成员们坚信20世纪20年代的经济国际主义只是增加了富人的财富，并不能给整个国家带来切实的利益。查尔斯·比尔德就是这个"认识共同体"的成员之一，他在《国内的门户开放》一书中提出美国政府应该更加关注国内，而不是用重返多边主义的方式寻求经济的恢复。他同时主张为了防止经济危机的进一步恶化，美国应减少对外国的承诺和联系。② 反对经济国际主义的背后体现了当时各国已经抛弃了"一战"后建立的相互依存与合作的基本原则，而国家利益被再次置于人类整体利益之上。美国此前20年间形成的文化国际主义"认识共同体"也被以查尔斯·比尔德为代表的支持"美国优先"的知识分子共同体取代。但文化国际主义并没有就此消失，正是由于民族主义和狭隘的沙文主义在世界各地的复兴，才出现了文化国际主义者为保持国际主义精神而采取的行动。比如巴黎的"文化合作国际研究院"（the International Institute of Cultural Cooperation）在30年代初期的活动比以往更为频繁，德国和日本也继续向国际联盟派出自己的代表参加文化交流聚会。国际联盟下属的

---

① "President Franklin Roosevelt's Annual Message (Four Freedoms) to Congress (1941)"，获取自http：//www.usnews.com/usnews/documents/doctranscripts/document_70_transcript.htm，2020年2月12日。

② ［美］查尔斯·比尔德：《国内的门户开放》，转引自［美］孔华润主编：《剑桥美国对外关系史》（下），王琛译，新华出版社2004年版，第118页。

第五章 文化国际主义观念与美国非政府文化国际传播策略的历史建构（1919~1936年）

"科学顾问委员会"也将"道德裁军"成功地纳入了日内瓦裁军会议的日程，其指导思想是对各国武装力量的限制并不能确保和平，除非其背后有民众的宽容和世界主义心态的支持。

但不可否认的是，在20世纪30年代大萧条与纳粹兴起的悲观环境下，随着国家主义成为趋势，世界各大强国逐渐把文化国际传播与政治目的挂钩。在这种国际环境下，美国文化国际传播的非政府策略就失灵了。20世纪20年代文化国际主义精神孕育出的非政治化国际传播体制也无法在新的权力政治环境中生存。但如果美国政府介入文化事务，就需要抛弃相关政策背后的自由主义理念和文化国际主义精神，整个非官方文化国际传播策略也将随之解体。

二、美国非官方文化国际传播策略的解体

20世纪30年代，随着纳粹主义和种族主义的蔓延，欧洲各国政府开始主张文化国际传播活动要为国家利益服务，曾经兴盛的文化国际主义运动逐渐式微。而在此期间美国也经历了严重的经济"大萧条"，以学术机构和慈善机构为代表的各类非官方组织已经无力承担耗费巨大的文化国际传播活动。即使有卡内基国际和平基金会、洛克菲勒基金会和古根海姆基金会支持的美国图书馆协会也遭遇了资金问题。

在美国国内，罗斯福上台后重新建构了美国传统"自由主义"理念，出台一系列"新政"加强对于经济的管控，也造成了联邦政府权限的扩大。其在任期间，美国开始从20年代的"合作型国家"逐渐向"规制型国家"转变。[①] 这种政府角色的变化也反映在文化国际传播领域。

美国联邦政府介入文化国际传播事务始于"睦邻政策"（Good Neighbor Policy）。罗斯福在就任演说中，强调与拉丁美洲国家建立文化关系的

---

① "促销性国家""合作型国家"和"规制型国家"的分类方法参见 Rosenberg, Emily. *Spreading the American Dream: American Economic and Cultural Expansion, 1890 – 1945.* Toronto: McGraw – Hill Ryerson Ltd., 1982.

重要性。1935 年，美国助理国务卿萨姆纳·威尔斯（Sumner Welles）在"美洲高校协会年会"发表演讲，把文化关系视为罗斯福政府对拉丁美洲"睦邻政策"的组成部分。他提出"睦邻政策"要发展三个方面的关系："没有猜疑和误解的政治关系，有助于健康国际贸易的经济关系和促进更广泛地欣赏其他民族文化与文明的文化关系"，而且三个方面是"紧密地联系在一起的"。①

在"睦邻政策"框架下，美国政府开始逐步把文化国际传播活动整合入官方外交框架之内。无论是出于西半球集体安全的考虑，还是出于"文化"在建立一个新的霸权国家中的重要作用，不可否认的是，这都使文化外交这一新生事物在美国对外政策制定的官僚体系中占有了一席之地。而文化外交的早期尝试都集中在了私人文化国际传播机构曾经工作的地区——拉丁美洲。

第四节
本章小结

第一次世界大战给人类带来的空前灾难促使一些欧美知识分子开始反思国际关系领域的一些传统观念。在反思中他们开始对主张战争会促进国家间优胜劣汰的"社会达尔文主义"观念进行批判，而"世界和平"也随之成为当时的一种"霸权性意识形态"。以阿尔弗莱德·齐默恩为代表的人文知识分子逐渐意识到人类文明的存续与发展并不是必然，而是需要不同国家的人民通过平等的文化交流加深彼此了解。英国学者马修·阿诺德也呼应了这种观点，并指出国家间的文化交流有助于建立新的国际秩序。

---

① Sumner Welles, " The Roosevelt Administration and Its Dealing with the Republic of the Western Hemisphere", *Department of State Publication No. 692*, Washington D. C. : GOP, 1935, P. 1, 16, 11. 转引自王立新：《踌躇的霸权：美国崛起后的身份困惑与秩序追求 1913 – 1945》，中国社会科学出版社 2015 年版，第 514 页。

第五章　文化国际主义观念与美国非政府文化国际传播策略的历史建构（1919~1936 年）

此类观点之后被历史学家入江昭学理化，称之为文化国际主义。文化国际主义者认为文化的沟通、理解与合作是维持世界和平与国际秩序的基本前提，而基于狭隘民族主义观念的文化宣传并不能带来世界和平。在文化国际主义的概念框架中，文化被看作国家间互换的"礼物"，是在政治、外交、经济和军事方式之外处理国际事务的另一种方式。

20 世纪 20~30 年代，持有文化国际主义观念的知识分子在世界范围内形成了一个"认识共同体"，并以各类文化国际传播机构的建立得以体制化。1922 年国际联盟建立的"国际智力合作委员会"正是此类机构的代表。它是世界上最早创立的倡导文化国际主义的国际机构，也是重要的文化交流机构之一。美国是文化国际主义潮流中的一部分，其国内也建立了诸如"学术团体协会"和"图书馆协会"等文化国际交流机构，它们与美国各类慈善基金会共同构成了这一历史阶段中美国文化国际传播的主要行为体。

美国对外政策的观念和策略在这一时期也被重新建构。第一次世界大战之后，绝大多数美国人都已经逐渐厌倦理想主义运动，接替威尔逊的哈定和柯立芝两位总统在外交政策上退回到"孤立主义"传统，这一阶段的美国外交政策也主要通过私人和非政府渠道得以实施，这构成了非政府文化国际传播策略的制度环境。

但在 20 世纪 30 年代，纳粹势力兴起与经济"大萧条"再次改变了美国对外政策的"原则化信念"与"因果信念"。曾经盛行的文化国际主义观念在西方大国中发生了"国家主义"转向；而"罗斯福新政"也极大拓展了政府的职责权限。联邦政府开始正式介入非政府组织已经无力承担的美国文化国际传播事务。美国文化国际传播被逐步纳入"睦邻政策"外交框架之中，文化外交的观念与策略也随之产生。

第六章

美国与拉丁美洲国家文化外交观念和策略的历史建构（1936～1942年）

自"门罗主义"提出以来，美国一直将拉丁美洲视为其势力范围，拒绝其他国家介入美洲事务，并由非政府团体承担美国文化在拉丁美洲的传播活动。但在1933年后，纳粹德国加强了对拉丁美洲国家的"反美主义"宣传，对美国国家安全造成了威胁。与其同时，罗斯福政府的外交政策也逐渐转向自由国际主义。随着"大萧条"中联邦政府权限的扩大，美国逐渐转向"规制型国家"，联邦政府开始介入文化事务。所有这些因素共同建构出了"文化外交"这一观念。第二次世界大战爆发前，维护美国在拉丁美洲的利益成为其对外政策的当务之急。因此，罗斯福政府开始将文化外交制度化，成立文化关系司以协调官方和私人组织的文化传播活动。随着"二战"爆发，美国国内呼吁文化国际传播完全服务于国家利益的声浪越来越高。在此背景下，文化外交观念开始发生宣传转向，并建构出了纳尔逊·洛克菲勒领导的美洲间事务合作办公室。

第六章 美国与拉丁美洲国家文化外交观念和策略的历史建构（1936~1942 年）

第一节
美国非政府组织对拉丁美洲国家的文化传播

一、拉丁美洲的"反美主义"

早在第一次世界大战期间，"公共信息委员会"的官员就发现拉丁美洲人民对于美国的看法极为负面。虽然委员会试图把关于美国的所谓"真相"传播到拉丁美洲，但往往收效甚微。西奥多·罗斯福和伍德罗·威尔逊针对拉丁美洲国家的"大棒外交"（Big Stick）政策构建出了一个军国主义、扩张主义和傲慢的美国形象。第一次世界大战结束时，美国已经在"美西战争"中夺取了波多黎各和古巴，并且将其当作实际意义上的殖民地；伍德罗·威尔逊总统发动了两次对墨西哥的军事干涉，并且派出美国军队占领了海地和圣多明各。这种"大棒外交"没有带来当地人民对于美国的好感，反而强化了其既有的反美倾向。从历史上看，拉丁美洲精英阶层深受欧洲文化，尤其是德国文化影响。他们认为美国人大多没有文化，并将其蔑称为"洋基佬"（西班牙语 yanqui，即英语中的 Yankee），更有一些人将美国看作对美洲和平与稳定的潜在威胁，他们称美国为"北方的巨人"（西班牙语为 El Coloso del Norte）。

由于"轴心国"的文化与宣传攻势，拉丁美洲各国的"反美主义"情绪到 20 世纪 30 年代后期更为严重。与美国在文化领域奉行的自由主义和自愿原则不同，纳粹德国、意大利和日本理所应当地将本国文化视为国家实力的组成部分和推行对外政策的工具。从 30 年代中期开始，纳粹德国开始通过国家力量在世界各地，特别是美国的"后院"——拉丁美洲地区进行宣传和文化渗透。纳粹德国宣传部长约瑟夫·戈培尔建立高功率发射电台，发布由德国政府控制的各种新闻和信息，拍摄纪录片宣传纳粹意识形态，并把宣传重点放在拉丁美洲地区。大批来自德国、意大利以及日本的移民移居拉丁美洲国家，特别是巴西、阿根廷和智利。

在美国政府看来，德国在拉丁美洲"精心组织和资金雄厚"的所谓"文化"活动目标非常明确，即"抵消和削弱美国与拉丁美洲国家的文化关系以及破坏美国在这一地区的动机和目标"。① 1941 年，轴心国在拉丁美洲建立的学校有 862 所，其中德国 670 所，意大利 58 所，日本 134 所，大学和公立图书馆里的德国出版物远比美国出版物要多。② 而此时美国在拉丁美洲国家的声望却降到低点，美国依据"门罗主义"对中美洲和加勒比地区的干涉在拉丁美洲国家激起广泛的反美情绪。美国人在拉丁美洲公众心中的形象是粗野、傲慢、无礼、追求金钱和物质享受。因此，拉丁美洲国家更愿意把英国、德国、意大利、法国以及原宗主国——西班牙和葡萄牙作为文化交流的对象，拉丁美洲学生更倾向赴欧洲，特别是德国留学，而不是去美国。而在美国，对拉丁美洲研究感兴趣的学者和学生也少之又少。其结果就是拉丁美洲各国普遍出现对德国文化的尊重、对德国的同情以及反美思想的滋长。这引起联邦政府一些官员的担心，他们认为美国政府应该承担起抵制纳粹德国宣传的责任。后来担任文化关系司首任司长的本·彻林顿（Ben M. Cherrington）回忆说，正是在希特勒和墨索里尼大肆利用文化与教育作为国家政策工具的时候，美国政府"决心向世界证明民主国家的方法与'启蒙与宣传部'的方法之间存在根本不同"，发起针对拉丁美洲的文化关系项目。③

---

① Espinosa, Manuel. *Inter-American Beginning of U. S. Cultural Diplomacy*. Washington, D. C.: Department of State Publication 8854, 1976, P. 103.

② Ninkovich, Frank A.. *Diplomacy of Ideas: U. S. Foreign Policy and Cultural Relations, 1938 – 1950*. Cambridge: Cambridge University Press, 1981, P. 47.

③ "Ten Years After", *Bulletin of the Association of American College*, 1948, Vol. 34, No. 4, P. 500, 转引自 Francis J. Colligan, "Twenty Years After: Two Decades of Government – Sponsored Cultural Relations", *The Department of State Bulletin*, 1958, Vol. 39, No. 995, P. 112.

第六章 美国与拉丁美洲国家文化外交观念和策略的历史建构（1936～1942年）

二、美国非政府组织对拉丁美洲的文化传播

美国历史上长期奉行自由主义文化交流观，认为政府不应介入文化事务，相信思想和信息的自由流动符合美国利益。20世纪20年代，随着哈定和柯立芝保守主义政府上台，美国政府没有尝试再次介入文化事务，而任何想要联邦政府复兴文化宣传的尝试都会受阻。第一次世界大战中公共信息委员会对国内传播内容实行的内容审查已经让大众对战争带来的权力集中产生了不信任。他们对政府干预感到恐惧，而"这种恐惧尤其反映在文化政策方面"[1]。到了30年代，美国已经形成成熟的"公私合作"模式，并将其内化成为一种"原则化信念"，即由私人团体和机构开展对外文化交流是正当的，政府不应直接介入对外文化活动。私人团体主导的文化输出与交流不仅符合美国的价值观，而且有助于发挥私人机构的创造力。同时这也与20~30年代美国的对外战略保持一致：既可以保持美国在西半球的影响力，同时又不卷入欧洲权力政治和国外的纷争之中。

与此同时，第一次世界大战灾难性的后果使美国的私人组织意识到与世界其他国家保持文化联系，并以此增进国家间的互相理解非常重要。他们意识到这种理解可以在未来避免灾难性的冲突发生。考虑到美国与拉丁美洲地理上接近，双方又长期存在敌对情绪，拉丁美洲国家自然成为美国非政府文化国际传播的首要目标。美国的大学、博物馆、私人慈善组织和文化团体在两次世界大战之间的20年中成了文化国际传播的主要行为体。美国大学教授和学生奔赴拉丁美洲工作学习，并与当地同事互相交流。而1919年在卡内基国际和平基金会支持下成立的国际教育协会（IIE）则资助了美国与拉丁美洲大学之间的交流访问。[2] 美国的图书馆馆员们也看到

---

[1] Ninkovich, Frank A. *Diplomacy of Ideas: U. S. Foreign Policy and Cultural Relations, 1938-1950.* Cambridge: Cambridge University Press, 1981, P. 13.

[2] Espinosa, Manuel. *Inter-American Beginnings of U. S. Cultural Diplomacy, 1936-1948.* Washington, DC: Department of State, 1976, pp. 48-57.

美国文化国际传播观念与策略的历史建构（1917~1945）

了与拉丁美洲建立文化关系可能带来的益处。20世纪20~30年代，美国图书馆协会开始与多个基金会合作，并同时创立一系列包括交流互访、奖学金计划、图书馆培训以及出版物交换在内的文化项目。在加里·克拉斯克（Gary Kraske）的相关研究中，他甚至认为图书馆协会的国际项目是美国文化外交的起源。①

但是一些问题也困扰着这些非政府文化国际传播活动。比如它们也遇到了公共信息委员会曾经在拉丁美洲所遭受的质疑。美国图书馆协会有时很难让拉丁美洲的同行相信与美国合作会带来好处。他们认为"（美国）的项目大多看似建立在民主和互惠原则上，但同时美国却有经济和军事控制的历史"②。随着更多个人、大学、基金会和其他组织参与文化国际传播活动，各个行为体之间缺乏协同，不同项目之间缺乏连贯性就成为亟待解决的问题。非官方人员与美国政府代表之间的合作也非常困难。尽管这些都是私人项目，但他们也非常需要美国国务院的官员协助他们完成工作。

知名历史学家萨缪埃尔·比米斯（Samuel Bemis）曾经表达过对美国国务院的不满。他认为国务院没有给予那些奔赴拉丁美洲做学术交流的教授适当的协助。"在没有官方协助的条件下，访问教授只能自己建立社交圈子……他们可能是被某个大学的校长，甚至是清洁工介绍给拉丁美洲受众的。国务院尽量避免把'文化宣传'的污名加在'睦邻政策'之上，甚至拒绝协助由教育基金会发起的文化交流项目。"③ 由此可见，"一战"中公共信息委员会的教训使美国政府愈加审慎地对待文化国际传播项目。

除了缺乏组织协调之外，非政府机构的传播活动也饱受资金短缺的困扰。美国图书馆协会虽然有古根海姆基金会、卡内基国际和平基金会以及

---

① Ninkovich, Frank A. *Diplomacy of Ideas: U. S. Foreign Policy and Cultural Relations, 1938–1950*. Cambridge: Cambridge University Press, 1981, P. 18; Kraske, Gary E. *Missionaries of the Book: The American Library Profession and the Origins of United States Cultural Diplomacy*. Westport, CT: Greenwood Press, 1985.

② Kraske, Gary E. *Missionaries of the Book: The American Library Profession and the Origins of United States Cultural Diplomacy*. Westport, CT: Greenwood Press, 1985, P. 21.

③ Espinosa, Manuel. *Inter-American Beginnings of U. S. Cultural Diplomacy, 1936–1948*. Washington, DC: Department of State, 1976, P. 76.

洛克菲勒基金会的资金支持,但当美国经济"大萧条"影响各个基金会时,资金匮乏问题就开始逐步显露。

美国的文化国际传播在20世纪30年代初经历了一次"原则化信念"的转变。20世纪20年代非政府文化传播活动背后是一种自由主义的文化观念,认为世界和平和繁荣依赖于人类在智识方面的共性,而不是资本主义的扩张本能。但伴随纳粹崛起和美国经济危机,文化国家主义逐渐取代了文化国际主义,成为新的文化国际传播主导观念,其强调一国的文化国际传播活动理应服务于国家利益。正如宁科维奇总结的那样:"如果不是因为国际环境的变化,根本就不会有任何理由改变当时既有的美国文化国际传播体制。"[①] 很多研究美国文化国际传播的学者也支持这一观点,认为20世纪30年代危机四起的国际环境最终推动联邦政府更加积极地参与国际事务。拉丁美洲的反美主义、正经历经济"大萧条"的美国对拉丁美洲市场的需求,以及德国纳粹对拉丁美洲民众的政治宣传三个因素叠加在一起,使美国政府意识到将文化国际传播活动完全交给非政府机构会导致效率低下,最终将严重影响美国在拉丁美洲的国家利益。因此,虽然踟蹰再三,但美国政府还是介入了文化国际传播事务。

第二节
文化外交的观念建构与制度化

以温特为代表的建构主义理论家认为国家"身份"(identity)决定了对于"国家利益"的理解,而"身份"是一个变量,依赖于历史、文化和社会背景。以此逻辑出发,20世纪30年代后期的美国已经摆脱了"孤立主义"大国的身份,在罗斯福自由国际主义理念影响下更积极地介入国际

[①] Arndt, Richard T.. *The First Resort of Kings: American Cultural Diplomacy in the Twentieth Century*. Washington, DC: Potomac Books, 2005, P.55.

事务。同时，美国在国际关系"原则化信念"方面也发生了转向："罗斯福新政"导致了联邦政府权力的扩大，政府介入文化事务的做法逐渐被接受，文化外交的观念也由此得以建构。

一、美国国家身份与利益的重新建构

美国历史学家艾米莉·卢森堡（Emily Rosenberg）曾经详尽分析了1890~1945年间美国政府在对外经济和文化扩张中扮演的角色。她认为根据政府介入程度可以大致分成三个阶段。第一阶段，从19世纪90年代到第一次世界大战，联邦政府扮演的是"促进型国家"（promotional state）的角色，在文化扩张方面其作用是通过推行"门户开放"政策，为私人企业和团体的文化扩张创造有利的外部环境；第二阶段，在20世纪20年代，联邦政府扮演的是"合作性国家"（cooperative state）的角色，联邦政府在继续为美国文化扩张创造有利环境的同时，开始利用私人团体的自愿行为实现特定的外交政策目标，联邦政府与私人机构合作共同扩大美国文化的全球影响；第三阶段，"大萧条"之后，美国成为"规制型国家"（regulatory state），与"新政"时期对经济的管制相一致，联邦政府开始直接参与文化政策的制定。在前两个阶段，联邦政府的角色并没有背离美国以有限政府和自由企业制度为核心的自由主义传统，而在第三个阶段，联邦政府的角色则发生了革命性的变化。[①]

正如卢森堡分析的那样，"罗斯福新政"导致美国联邦政府职能扩大，并改变了美国民众对政府在文化领域的角色认知。"新政"时期，联邦政府在通过政府干预恢复资本主义经济秩序的同时，在文化领域也开始扮演积极的角色，从20世纪30年代后期开始，美国人逐渐接受联邦政府对文化事务的直接参与，并认可将文化国际传播作为美国对外关系的一部分，

---

① Rosenberg, Emily. *Spreading the American Dream: American Economic and Cultural Expansion, 1890–1945*. Toronto: McGraw–Hill Ryerson Ltd., 1982, pp. 12–13, 230–231.

特别是将其运用到美洲国家间关系中。这种美国民众"观念水位"的变化是文化外交产生的民意基础。

而美国历史学家贾斯丁·哈特（Justin Hart）则进一步指出美国文化外交观念的产生不只是面对纳粹德国强大文化攻势的被动防御措施，而正是由于纳粹德国对于"新世界"的文化渗透使美国政府对这种新型外交兴趣大增。哈特还将美国在20世纪30~40年代的文化外交实验解读为美国对外政策的根本性转变。而这种转变是多重因素共同影响的结果，推动美国对外政策制定者将这个国家当作下一个世界"霸权"[1]。而美式"霸权"并不基于对"权力"的传统认知，作为新型"霸权"国家的美国可以不使用军事手段，也不采用欧洲帝国的殖民手段来达成国家目标。但要达成此目标必须先解决一个问题，即如何才能在不控制（rule）的条件下管理（manage）这个世界；或者在不管理的条件下控制这个世界。哈特认为"美国化"，即传播美国的文化和意识形态，是"殖民主义的一剂解药"。在第二次世界大战愈加临近的时候，"这种传播意识形态的使命不仅成为一系列外交政策的基本理念，随着国家形象成为帝国重要的工具，这种意识形态的传播也成为对外政策的重要组成部分"[2]。

从建构主义视角出发，20世纪30年代中后期的国际环境和国内政治的诸多变化重构了美国的国家身份，并建构了美国对于"权力"的全新认知，这也为美国文化外交观念的产生奠定了基础。

二、美国文化外交的观念建构

学界普遍认为美国的文化外交肇始于1936年12月在布宜诺斯艾利斯召开的泛美会议。美国在会议中提出通过政府间合作推动美洲国家间文化交流的倡议，与会21国签订了《促进美洲国家间文化关系协定》（Con-

---

[1] 此处的"霸权"对应的英文是"hegemony"，其内涵更接近"领导权"。
[2] Hart, Justin. *Empire of Ideas: The Origins of Public Diplomacy and the Transformation of U. S. Foreign Policy.* Oxford: Oxford University Press, 2013, P. 8, 9.

vention for the Promotion of Inter-American Cultural Relation)（以下简称《协定》），协定的目的是通过美洲国家间大学教授、中学教师和研究生之间的交换促进美洲各国人民和机构之间的相互了解。《协定》规定，签约国每年互派两名学生和一位教授，这样美国每年接受大约 40 名学生和 20 位教授，同时向美洲国家派出同样数量的学生与教授。① 这一协定是为了实现富兰克林·罗斯福总统对拉丁美洲的"睦邻政策"。这一政策旨在提升美国在拉丁美洲地区的影响力，同时减少之前干涉主义的"大棒外交"政策。通过这些文化交流项目，美国国务院计划将拉丁美洲当作对外政策的"实验室"，探索如何将文化国际传播打造成美国外交政策的有力工具，并计划最终将其应用到全球范围。

文化外交是罗斯福总统"睦邻政策"的重要手段。罗斯福总统在他的第一任就职演说上首先提出"睦邻政策"，他承诺"美国将致力于'睦邻政策'……美国将在一个睦邻友好的世界里成为一个尊重责任和契约的好邻居"②。罗斯福起初并未将这一政策运用于任何特定地区。但美国之前的傲慢行为和态度使得很多拉丁美洲人将美国称为"北方的巨人"，罗斯福总统力图减轻这种负面印象，而"睦邻政策"就成了此类尝试的一个总体政策框架。

拉丁美洲成为文化外交的首个目标并不违背美国的传统外交观念。在"门罗主义"影响下，美国一直将拉丁美洲视为自己的势力范围。美国国会也授权白宫在西半球范围内更大的活动权力。布宜诺斯艾利斯会议就直接沿袭了这一传统。虽然美国代表团在会议中强力推动集体安全和多边贸易计划，但是加强美国与拉丁美洲国家的文化关系才是其背后的真正目标。美国代表团认为，开展文化和教育交流是"在美洲共和国之间培育共识和塑造西半球和平舆论的最可行手段之一"③。1937 年 5 月，美国联邦政

---

① 条约全文参见 https://www.loc.gov/law/help/us-treaties/bevans/m-ust000003-0372.pdf.

② 演讲全文参见 http://xroads.virginia.edu/~MA01/Kidd/thesis/pdf/fdr.pdf.

③ Thomson, Charles A. and Walter Herman Carl Laves. *Cultural Relations and U. S. Foreign Policy*. Bloomington: Indiana University Press, 1963, P. 29.

第六章 美国与拉丁美洲国家文化外交观念和策略的历史建构（1936~1942年）

府成立美洲国家合作部际委员会（Interdepartmental Committee on Cooperation with American Republics）（以下简称"部际委员会"），由副国务卿萨姆纳·韦尔斯任主席，部际委员会的任务是协调联邦政府各部的资源，发挥政府部门和人员的作用，共同推动与拉丁美洲各国在技术领域的合作。共有25个联邦机构参与了该委员会，主要包括国务院、农业部、商务部、劳工部、内政部、国会图书馆、公共卫生署和史密森学会。

从外部环境看，德国重整军备和领土扩张的威胁以及对拉丁美洲的文化渗透极大影响了布宜诺斯艾利斯会议的议程。当时德国汉莎航空公司和德国轮船公司都被用来散布纳粹思想；德国电台在拉丁美洲发射信号，德国新闻机构也播出带有明显纳粹倾向性的新闻。鉴于这种国际氛围，在会议期间，美国代表团大力提倡使用无线电广播为和平服务，并建议建立一个作家、艺术家和图书交流的协会以及保护知识产权。这次会议的国际智力委员会中产生了几乎一半最终被采纳的协定。"经济问题委员会"还探讨了修建一条泛美高速公路的计划，其目的在于加强美洲各国间的人员往来。根据萨缪尔·英曼（Samuel Inman）的评估："希特勒的做法已经向民主国家证明了宣传的力量。"[①] 从这样的历史语境出发，就不难发现布宜诺斯艾利斯会议背后的核心议题是国家间的文化关系。罗斯福总统的发言也提倡更大范围的文化、教育、思想和自由言论的交流。美国对于加强文化交流的承诺成了"睦邻政策"的基本前提，同时，美国也继续把拉丁美洲当作更宏大计划的试验场。

从一种宏观历史建构视角出发，可以发现布宜诺斯艾利斯会议中产生的关于美洲间文化关系的协议是该会议中最重要的成果，因为这改变了美国外交观念中的"因果信念"。但只有当文化外交在之后的十年里成为美国在不以领土占领为前提的条件下扩张影响力的主要手段之后，这次会议的重要意义才完全显现出来。在1941年2月的那篇著名的文章《美国的世

---

① Inman, Samuel Guy. *Inter-American Conferences, 1826-1954*. Edited by Harold Eugene Davis. Gettysburg, PA: Times & News Publishing Co, 1965, pp. 76-78.

纪》中，亨利·卢斯预言"美国化"会为"殖民化"提供一剂解药，前提是国家有驾驭自己"文化"的能力。①

尽管文化外交具有改变美国传统外交范式的潜力，但它在一开始的进展却十分缓慢。布宜诺斯艾利斯会议之后的一年间，国务院并没有着手实施教授和学生的交换计划。一些人甚至怀疑应该由教育办公室，而不是国务院承担这一新项目的管理工作。而萨姆纳·韦尔斯和史蒂芬·达甘则认为任何政府资助的文化交流项目都必须通过国家外交事务机构。

在私人机构方面，卡内基国际和平基金会在20世纪20～30年代初期积累了丰富的文化国际传播经验。在前国务卿伊莱休·鲁特和哥伦比亚大学校长尼古拉斯·巴特勒的带领下，基金会开始在官方渠道之外为不同国家的外交官们举办聚会。这些聚会氛围相对放松，旨在促进对话。而国际教育协会（IIE）的工作则更系统化，它协助和资助了全世界范围的教育合作。两个机构共同在改善文化关系的官方实践中发挥了重要作用。

在之后的几年间，达甘和韦尔斯共同努力，把文化外交整合成为国务院议事日程的一部分。但是两人在文化外交的管辖权方面却有不同看法。韦尔斯曾经表示出对在教育办公室（Office of Education）授权之外管理交流项目的兴趣，但是达甘却强烈主张所有对美国的国际关系有直接影响的事务最终决定权应该在国务院。他曾对韦尔斯说："这不只是国家间的学生交换问题。提升文化关系对改善美国与其他美洲国家的关系愈加重要，只有把此类项目交与国务院管辖才是明智之举。"②

达甘认为国家间的文化关系不仅应被当作外交政策的一部分，它也应重塑美国对外政策的概念框架。在达甘看来，为了执行布宜诺斯艾利斯大会的各种条款，联邦政府必然要在一些从未涉足的领域采取行动。他认为国务院应该建立一个文化外交机构，负责利用文化关系为国家对外政策目

---

① Luce, Henry, "The American Century", *Diplomatic History*. Malden: Blackwell Publishers, 1999, Vol. 23, No. 2.

② Manuel Espinosa. *Inter-American Beginnings of U. S. Cultural Diplomacy, 1936-1948*. Washington, DC: Department of State, 1976, pp. 89-91.

第六章 美国与拉丁美洲国家文化外交观念和策略的历史建构（1936～1942年）

标服务。至此，文化外交观念正式确立。

三、美国文化外交观念的制度化——文化关系司的建立

文化外交观念对于美国文化国际传播策略的影响是沿着"制度化"路径得以实现的。"观念一旦对组织的设计产生了影响，它们的影响就将通过该组织工作的那些人以及该机构为其利益服务的那些人的动机反映出来。一般而言，当制度介入后，观念的影响有可能持续数十年，甚至数代人之久。"①

1938年，美国国务院设立了第一个官方文化外交机构——文化关系司（Division of Cultural Relations）。根据时任国务卿赫尔的解释，文化关系司的任务是"管理国务院涉及文化关系的官方活动"，"协调对智力合作有兴趣的政府各部门的活动"，以及"与全国的私人团体合作，为其提供适当的设备和支持并尽可能地协调他们的活动"。其管理和协调的领域包括：（1）《促进美洲国家间文化关系协定》所规定的学生、教授和出版物的交换；（2）有代表性的美国作品和拉丁美洲国家中西班牙、葡萄牙语作品的翻译；（3）音乐和艺术领域的交流与合作，包括举办音乐会和艺术展；（4）国际广播活动。②《促进美洲国家间合作文化关系协定》的实施和文化关系司的建立是美国政府首次在国际文化关系中承担实质性的和持续的责任，是美国文化外交的发端。

国务院选择了本·彻林顿（Ben Cherrington）来领导这一个新的机构。彻林顿曾经在丹佛大学负责国际关系项目。他还曾经写过一本关于利用教育影响国际公众态度的专著。因此，无论在实践还是理论方面，他都被认为是文化交流领域的开创者。但他的任命凸显了"文化国际交流"这一概

---

① ［美］朱迪斯·戈尔茨坦、罗伯特·基欧汉编：《观念与外交政策：信念、制度与政治变迁》，刘东国、于军译，北京大学出版社2005年版，第21页。
② Hull, Cordell. "The Division of Cultural Relations of the Department of State". 转引自王立新：《踌躇的霸权：美国崛起后的身份困惑与秩序追求1913–1945》，中国社会科学出版社2015年版，第515页。

美国文化国际传播观念与策略的历史建构（1917～1945）

念框架内部文化国际主义与文化国家主义的张力。尽管赫尔向彻林顿保证他"不必从事政治宣传的工作"，并且这些交流活动不会"把任何意识形态强加在其他国家头上"，但这样的保证也引出了一些问题：为何一个主权国家愿意参与此类活动？[①] 两种传播观念"理想类型"之间的张力也反映在了策略层面：是否可能在发展文化外交策略的同时不将其变为某种程度上的政治宣传？简而言之，正是因为美国外交政策的制定者们想要在"睦邻政策"的框架下改善美国在拉丁美洲的形象，文化关系司才得以存在。由美国联邦政府资助和协调的文化活动并不一定会成为最严格意义上的"政治宣传"，但是两者的界限也十分模糊。

在之后的几年中，关于文化外交观念上的类似争论不断出现，并且那些经历过世界和平运动的文化国际主义者与美国外交政策制定者之间的矛盾冲突不断：前者将国际文化交流看作一种通过心灵沟通减少国家间冲突的文化国际主义实践，而后者把"文化"当作美国对外政策的工具；前者坚持国际文化交流应该是单纯的文化活动，不受政治目的影响；而后者则认为政府不能忽视"文化"在美国与他国关系中的重大作用。文化国际主义者想要文化关系司依靠政府资助延续卡内基国际和平基金会（CEIP）和国际教育协会（IIE）的慈善项目，但日益严峻的国际环境却决定了国务院要承担起用文化手段实现美国外交目标的责任。

客观上看，虽然文化关系司的建立违背了美国政府不介入文化事务的"原则化信念"，但在美国加入"二战"前，该机构还是在一定程度上继承了自由主义传统，其清楚地意识到美国文化的国际传播，无论是通过国际教育合作，还是好莱坞电影的国际传播，都应由私人力量主导，政府只应协调配合，补充既有的传播渠道。文化关系司的职责范围虽然广泛，但它并不直接参与文化关系项目的实施。韦尔斯曾经将这种模式称为"5%原则"：文化关系司仅承担对外教育与文化交流5%的工作，而另外95%的工

[①] "Cultural Ties that Bind" *Christian Science Monitor*, 1939, P. 1, 转引自 *Justin Hart. Empire of Ideas: The Origins of Public Diplomacy and the Transformation of U. S. Foreign Policy.* New York: Oxford University Press, 2013, P. 37.

第六章 美国与拉丁美洲国家文化外交观念和策略的历史建构（1936~1942年）

作交给私人团体和民间机构来承担。①

"公私合作"的模式需要两类行为体之间保持交流和沟通。因此，1938年春，文化关系司组织了一次政府部门和私人机构的教育研讨会。参与者包括古根海姆基金会、约翰·霍普金斯大学、洛克菲勒基金会、泛美联盟、外交政策协会、美国图书馆协会、卡内基国际和平基金会和国际教育协会。此外，与文化关系司合作的私人团体还包括负责向海外美国学校提供资助的美国教育理事会（American Council on Education）、承担学术交流任务的美国学术团体理事会（American Council of Learned Societies）、承担图书翻译工作的科学服务公司（Science Service Inc.）以及负责向近东文化机构提供资助的近东大学协会（Near East College Association）。为了发挥社会力量的作用，国务卿还任命了一个由民间人士组成的文化关系项目——总咨询委员会（General Advisory Committee），其成员包括纽约城市学院教育系前主任、国际教育协会主席史蒂芬·达甘博士，著名国际主义者、哥伦比亚大学教授詹姆斯·肖特维尔，美国广播教育委员会主席约翰·史蒂倍克（John W. Studebaker）博士和图书馆学家、美国图书馆协会主席卡尔·米拉姆（Carl H. Milam）。②

值得注意的是，文化关系项目总咨询委员会就此成为美国文化国际传播观念的讨论平台。在1938~1945年期间，持有多种"原则化信念"和"因果信念"的团体在此展开讨论，文化国际主义与文化国家主义两种观念激烈交锋，并以咨询委员会决议的形式持续对美国文化国际传播策略产生影响。

---

① Arndt, Richard T.. *The First Resort of Kings: American Cultural Diplomacy in the Twentieth Century*. Washington, D. C.: Potomac Books, Inc., 2005, P. 60.
② Cherrington, Ben, "The Division of Cultural Relations of the Department of State", *Institute of International Education News Bulletin*, 1939, Vol. 14, No. 8, P. 6. 转引自王立新：《踌躇的霸权：美国崛起后的身份困惑与秩序追求1913-1945》，中国社会科学出版社2015年版，第517页。

第三节
文化关系司的文化外交观念与策略

一、文化关系司的文化外交观念

文化关系司在拉丁美洲的传播实践中逐渐建构了一系列文化外交价值与工具层面的观念。首先,在"原则化信念"上,美国的"文化外交"是一种国际教育合作,而不是政治宣传。首任司长本·彻林顿在1940年5月的一份备忘录中提到,文化项目应秉持国务院一直贯彻的两个基本原则:一是"政府和私人团体合作,其中政府是'小伙伴'";二是"在与美洲其他共和国之间的关系中严格遵守互惠的精神"。① 国务院负责对外文化事务的主要官员都把"互惠性"作为基本原则之一,强调文化关系司不是一个外交和宣传机构,以及美国的文化项目具有"教育性",而非"宣传性"。赫尔也曾解释说,文化关系司发起的项目是"建立在互惠基础上的","文化关系必须是双向的",文化关系司的任务是"向国外传播美国有代表性的文化和智力作品,并在美国传播其他国家的同类作品",以实现"美国与其他国家人民之间建立在文化与精神联系基础上的更好理解和相互尊重"。② 代理国务卿爱德华·斯退丁纽斯（Edward Stettinius, Jr.）在1944年2月给总统的报告中也强调互惠性,指出"让美国人了解美洲共和国和

---

① Memorandum by Cherrington, May 27, 1940, 转引自 Ninkovich, Frank A. *Diplomacy of Ideas: U. S. Foreign Policy and Cultural Relations, 1938–1950*. Cambridge: Cambridge University Press, 1981, P. 35.

② Hull, Cordell, "The Division of Cultural Relations of the Department of State", Hanke, ed., *Handbook of Latin American Studies*, 1937, pp. 503–504.

第六章 美国与拉丁美洲国家文化外交观念和策略的历史建构(1936~1942年)

其他国家与让这些国家了解美国同样重要"①。布宜诺斯艾利斯会议上签订的《促进美洲国家间文化协定》也体现了互惠原则。

虽然国务院极力强调文化关系的民间性和互惠性,但是作为政府机构的文化关系司的建立还是引起很多信奉自由主义思想的社会人士的疑虑。他们担心文化关系项目会变成联邦政府的外交政策工具,甚至沦为对外宣传武器。为打消这种疑虑,国务院相关官员极力澄清美国的文化关系项目不是针对纳粹宣传的"反宣传"。负责拉丁美洲事务的助理国务卿乔治·梅瑟史密斯(George Messersmith)表示,"我们并非在试图进行'反宣传'……我们感兴趣的是在我国与邻国之间发展真正友好关系这一根本性的大问题"②。副国务卿韦尔斯也极力澄清"文化关系司不是一个宣传机构"③。

美国部分官员也确实反对把文化关系当成宣传的工具。本·彻林顿就主张文化关系项目应尽可能超脱于政治,文化关系司的活动应与国务院相分离。在彻林顿看来,文化宣传带有"渗透、强加和单边主义"的色彩,而文化关系司的理想是在没有政府限制和压力的情况下推进广泛的文化交流。④ 文化关系司的第二任司长查尔斯·汤姆森(Charles Thomson)则在1942年指出,"无论是为了目前的战争还是战后的和平,(文化关系项目的)主要目标都是通过科学、技术和教育的改善,通过艺术、新闻、电影和广播以及各领域知识领袖的访问来增进相互理解,消除文化交流的障碍以及促进思想和智力成就的自由交换"⑤。汤姆森还认为"宣传的方法一

---

① Edward R. Stettinius, Jr., "The United States Program for the Promotion of Mutual Understanding with other Peoples of the World", *Department of State Bulletin*, 1944, Vol. 10, No. 245, P. 216, 转引自王立新:《踯躅的霸权:美国崛起后的身份困惑与秩序追求1913-1945》,中国社会科学出版社2015年版,第518页。

② Espinosa, Manuel. *Inter-American Beginnings of U. S. Cultural Diplomacy, 1936-1948*. Washington, DC: Department of State, 1976, P. 102.

③ Espinosa, Manuel. *Inter-American Beginnings of U. S. Cultural Diplomacy, 1936-1948*. Washington, DC: Department of State, 1976, P. 114.

④ Ninkovich, Frank. "Cultural Relations and American China Policy, 1942-1945", *Pacific Historical Review*, 1980, Vol. 49, No. 3, P. 473.

⑤ Thomson, Charles A. "The Cultural-Relations Program of the Department of State", *Journal of Educational Sociology*, 1942, Vol. 16, No. 3, P. 135.

般类似于推销（advertising），而文化关系的方法是教育的方法"，"文化关系的目标更深入、更持久，即培育一种可以称为'谅解'（understanding）的思想状态，而谅解通常是持久的，它是在彼此了解中生长出来的信念"。[1] 客观上看，在"珍珠港事件"前，文化关系司的活动大体上坚持了这一理念。

二、文化关系司的文化外交策略

文化关系司的文化外交策略包括了用以实现罗斯福政府"睦邻政策"的一系列方法与手段。首先，在文化外交的地理范围方面，该机构的策略是立足拉丁美洲，放眼世界。从国务院设立文化关系司开始，美国政府的目标就不仅是在西半球资助几个教育交流项目而已。与"睦邻政策"框架内的其他项目相比，美国一直希望把文化项目推向全世界，但问题在于他们需要花多久来获得国会授权。劳伦斯·达甘（Laurence Duggan）在他最初努力推销这一项目的时候非常清楚，"在目前的状况下，文化关系司的活动将会主要集中在与美洲其他国家的文化关系上"，但是"在未来的某些时候，这些活动可能会扩展到世界的其他地区"。[2] 资深外交官乔治·梅瑟史密斯（George Messersmith）在一次文化关系司前期策划会上甚至表达得更加直接。当达甘问到国务院是否应该期待这些项目会"在全世界开展起来"时，乔治·梅瑟史密斯回答说："这个新的机构将会负责世界各地的文化关系，只要这些关系对我们有所影响。但是在期初阶段我们希望专注于西半球。"[3]

---

[1] Thomson, Charles A, "The Cultural–Relations Program of the Department of State", *Journal of Educational Sociology*, 1942, Vol. 16, No. 3, P. 30.

[2][3] Duggan to Messersmith and Welles, Feb. 8, 1938, Box 2, Entry 14, RG 353, NARA. 转引自 Justin Hart. *Empire of Ideas: The Origins of Public Diplomacy and the Transformation of U. S. Foreign Policy*. New York: Oxford University Press, 2013, P. 40.

第六章 美国与拉丁美洲国家文化外交观念和策略的历史建构（1936~1942年）

其次，在对外传播的内容方面，"文化"的内涵被逐步扩展。文化关系司起初专注于"高雅文化"（high culture），比如美术、古典音乐、文学和高等教育的交流。但是两次世界大战期间，以好莱坞电影和爵士乐为代表的美国流行文化的盛行使政策制定者意识到流行文化对于美国全球形象的重要性。历史学家赫伯特·博尔顿（Herbert Bolton）建议美国国务院尽可能地扩展思路，他指出："一个国家的文化包含了其整体文明，包括生活方式、思维方式、宗教信仰、社会结构以及它的文学、精神和智力表达。它包含了这个国家从遥远的过去到近来的全部传承……一个民族的文化就是它的历史的升华。"但是要输出"一个国家从遥远的过去到近来的全部传承"，即使不是严格意义上的政治宣传，也似乎已经相差无几。①

在媒介渠道方面，文化关系司沿袭了两次世界大战期间洛克菲勒基金会的"技术援助"模式，并扩展了其内涵。这一时期的"技术援助"包罗万象：从高速公路设计到移民政策，从市政管理到农业技术。这背后的观念是美国政府可以派出这些领域的专家帮助一些国家在经济和政治方面实现"现代化"。而从客观上看，尽管"技术援助"符合广义上的"教育"范畴，但它却不是一种严格意义上的"交流"：在"技术援助"的过程中信息显然是单向流动的。因此，国务院创立了一个独立却平行的机构——美洲国家合作委员会（the Committee on Cooperation with the American Republics, CCAR），这一机构在之后的几年里与文化关系司协同工作。两个机构都强调在拉丁美洲提升美国国家形象的重要性。但总体来看，美洲国家合作委员会专注于美洲国家间的经济合作。当然，文化关系司也认为良好的文化关系会促进贸易关系。但文化关系司还是专注于教育交流项目，而"美洲国家合作委员会"却经常公开讨论对拉丁美洲的技术援助背后潜

---

① "Conference on Inter-American Relations in the Field of Education", November 10, 1939, unpublished State Department pamphlet, copy located in Government Documents, call no. US S1. 26/1, Alexander Library, Rutgers University, New Brunswick, NJ. 转引自 Justin Hart. *Empire of Ideas: The Origins of Public Diplomacy and the Transformation of U. S. Foreign Policy*. Oxford: Oxford University Press, 2013, P. 40.

美国文化国际传播观念与策略的历史建构（1917～1945）

在的经济利益。

但在实践过程中，美洲国家合作委员会遇到了一些困难。首先，拉丁美洲国家对美国专家的需求远远超过了美国政府能够提供的数量。其次，拉丁美洲民众对于来自美国的"技术援助"的负面看法严重影响了政策的实施，美国政府的援助总是有可能被看成强加于人。为了澄清援助政策的背后目的，韦尔斯在一次会议的发言上甚至提到要避免"满足于政治宣传"，他说："技术援助应该只是给我们拉丁美洲的邻国提供援手，帮助他们改善自身处境……同时对我们的生活方式、目的和手段有更好的了解。"他甚至进一步指出技术援助必然会导致某种交流："我们与他们的接触只是丰富我们对于他们所面临的问题、生活原则和对幸福追求的了解。"①

尽管两个机构都制定了长远计划，但是他们却在 1939～1940 年间遭遇了经费短缺问题。美洲国家合作委员会和文化关系司的第一笔政府拨款只有 370 500 美元和 75 000 美元。② 尽管它们的任务有重合的部分，但在"二战"前两个机构彼此保持独立。这也体现了当时美国政府试图将"文化交流"与"技术援助"做出区分，以减轻自由主义者对政府从事"宣传"的责难。当美国于 1942 年加入第二次世界大战后，美国在外交方面的"原则化信念"已经转向，文化国家主义观念渐占上风，文化外交与文化宣传的界线愈加模糊。因此，韦尔斯决定把美洲国家合作委员会置于文化关系司的管理下。而由洛克菲勒领导的美洲间事务合作办公室的成立也使国务院意识到战争中的文化关系不能止步于教育交流。

---

① Minutes of Meeting, Interdepartmental Committee on Cooperation with the American Republics, May 28, 1941, Box 29, Entries 20–22, NARA, 转引自 Justin Hart. *Empire of Ideas: The Origins of Public Diplomacy and the Transformation of U. S. Foreign Policy*. Oxford: Oxford University Press, 2013, P. 42.

② Espinosa, Manuel. *Inter-American Beginnings of U. S. Cultural Diplomacy, 1936–1948*. Washington, DC: Department of State, 1976, P. 121, 132.

第六章　美国与拉丁美洲国家文化外交观念和策略的历史建构（1936~1942年）

第四节
美国文化外交的宣传转向——美洲间事务合作办公室文化宣传观念与策略的建构

一、"因果信念"的重构与"文化"概念外延的扩展

纳粹德国于1939年9月1日入侵波兰，战争迅即蔓延。1940年4月，德国军队只花了一天就占领了丹麦，并且对挪威虎视眈眈。到了5月，他们又吞并了比利时和荷兰。在"一战"中坚定抵抗德国的法国也在几周之内被击败。到了7月，"邪恶轴心"已经几乎占领了整个欧洲大陆。在欧洲市场消失殆尽的情况下，美国面临着贸易伙伴严重匮乏的现实状况。

在这种国际环境下，美国在对外关系领域的核心国家利益——西半球的安全与稳定受到了威胁。正如美国官员在布宜诺斯艾利斯会议指出的那样，他们把德国在拉丁美洲的文化影响力视为德国对西半球"渗透"的重要"晴雨表"。因此，罗斯福总统对此愈加警惕，并且开始寻找其他手段达成政策目标，建立新的"因果信念"。

纳尔逊·洛克菲勒在此时提交了一份名为"西半球经济政策"（Hemisphere Economic Policy）的备忘录，提出以文化方式与经济手段协同合作的方式维护美国在西半球的核心利益。他认为文化和教育项目应该"与经济项目同时展开……无论这次战争是德国获胜还是同盟国获胜，美国都必须保护它的国际地位……美国必须立刻采取经济手段保护中美洲和南美洲的

135

经济繁荣"①，而这也成为此后美国文化国际传播新的"因果信念"。另外，洛克菲勒还扩展了"外交政策"的概念。他认为"外交"不应只关注法律和商业这样的传统领域，也应关注"文化"领域。沿袭着洛克菲勒基金会对于"文化"的理解，他认为"文化"不应只包括精英文化，也应包括由大众传播媒介承载的流行文化。这些文化可以使不同民族之间产生共情，使他们了解彼此，这对当时的国际关系有深远影响。②

在文化国际传播的行为体方面，洛克菲勒认为当私人机构不愿意或者没有能力采取行动的时候，政府必须介入。这显然与"罗斯福新政"中联邦政府的权力扩张思路不谋而合。因此，1940年8月16日，罗斯福从总统紧急基金（President's Emergency Fund）中拨款350万美元，创立了美洲间事务合作办公室（Office of the Coordinator of Inter-American Affairs, OCIAA）。③ 该机构直接向总统本人汇报工作，洛克菲勒被指派管理这一机构。

二、美洲间事务合作办公室的文化宣传策略

洛克菲勒深受"一战"时期乔治·克里尔领导的公共信息委员会影响，将多种传播策略整合在美洲间事务合作办公室的工作中。首先，在传播内容方面，洛克菲勒认为经济、信息（information）和文化（culture）应该在办公室的统一管理下协同合作。比如"信息"项目就利用了电台、电影和出版物传播美国文化，所有这些都被划入"文化"范畴。

其次，美洲间事务合作办公室重视美国国家形象在对外关系中的作用。尽管洛克菲勒否认他管理的是一个宣传机构，但是他愿意使用任何可利用的媒介来制造共情，传达人们生活、感受和思考的方式。他认为传播

---

①② *Congressional Record: Proceedings and Debates of the Congress*, Volume 109, Part 6, 获取自 https://play.google.com/books/reader?id=PAQQOB2BPAIC&hl=zh_CN&pg=GBS.PA7057, 2020年2月1日。

③ Hart, Justin. *Empire of Ideas: The Origins of Public Diplomacy and the Transformation of U. S. Foreign Policy*. Oxford: Oxford University Press, 2013, P. 44.

第六章 美国与拉丁美洲国家文化外交观念和策略的历史建构（1936～1942年）

活动在很大程度上就是观念领域的活动，而观念转变与物质条件紧密相关。在美国与拉丁美洲的关系中，这就意味着文化、政治和经济手段密不可分。

在文化项目方面，美洲间事务合作办公室借鉴了国务院文化关系司的一些做法，认为教育可以使所有国家的人民互相包容和理解。"美洲间事务合作办公室"授权达甘和国际教育协会监管教育交流项目。他们也借鉴文化关系司的"互惠"原则，比如他们计划让美国小学和初中学生都能接触到与拉丁美洲相关的信息和知识。洛克菲勒和美洲间事务合作办公室在教育的观念上思考颇多。在洛克菲勒看来，教育不仅应被当作睦邻友好的基础，也应确保"新世界"的公民不再像"一战"后那样回避责任。

美洲间事务合作办公室极大拓展了美国文化国际传播的媒介渠道。通过无线电、电影和印刷媒体等多种媒介渠道，办公室成功地将来自美国的信息传递给不同类型的受众群体。在无线电处，洛克菲勒雇用了当时美国全国广播公司（NBC）的前任主席堂·弗朗西斯科（Don Francisco），并组织了一次行业内的高峰聚会，共同研究如何提高美国电台在拉丁美洲的受众人数。办公室还委托美国顶级广告商"智威汤逊"广告公司（J. Walter Thompson）做听众调查。那时跨国广播尚无法盈利，洛克菲勒就为全国广播公司和哥伦比亚广播公司（CBS）各自提供了250 000美元作为短波电台的节目补贴。美洲间事务合作办公室发现拉丁美洲国家收音机短缺，极大影响了美国电台的受众人数，洛克菲勒就给收音机厂商施压，让他们制造出750 000台收音机并以成本价卖给拉丁美洲民众。[①]

美洲间事务合作办公室还继承了公共信息委员会在电影制作和发行方面的"公私合作"模式。美洲间事务合作办公室与好莱坞紧密合作，洛克菲勒请来了风险投资家和动画产业的先行者约翰·惠特尼（John Whitney）

[①] "Minutes of Meeting of Policy Committee of Cultural Relations Division of Coordinator's Office", November 12, 1940, December 9, 1940, and December 30, 1940. 转引自 Hart, Justin. *Empire of Ideas: The Origins of Public Diplomacy and the Transformation of U. S. Foreign Policy*. Oxford: Oxford University Press, 2013, P. 47.

来管理电影处,他曾经为制作电影《蝴蝶梦》(*Rebecca*)和《飘》(*Gone with the Wind*)筹集资金。惠特尼鼓励工作室赴拉丁美洲拍摄电影。他还力促美国的新闻片加大对拉丁美洲的报道力度,并将投影设备分发给美国代表团,确保他们可以放映这些新闻片和电影。与公共信息委员会的做法类似,惠特尼劝服了威尔·海斯(Will Hays)任命一位办公室官员常驻海斯的制片法典办公室(Production Code Office),负责阅读所有涉及拉丁美洲的台词,提醒制作人那些可能对拉丁美洲人民构成侵犯的情节。[①]

美洲间事务合作办公室还灵活运用印刷媒介。当时美国对拉丁美洲的寄书邮资是国内的8倍,这严重限制了美国出版商在拉丁美洲的生意。于是美洲间事务合作办公室建议美国邮政总局(USPS)降低对拉丁美洲的寄书邮资。美洲间事务合作办公室与美联社(AP)、合众国际社(UPI)和国际新闻社(International News Service)及拉丁美洲报纸代理商合作,宣传其相关活动,并且抗议他们认为不"正确"的新闻报道。

洛克菲勒本人为传播策略的创新设定了基调,并利用个人影响力邀请一些智囊加入出版委员会。1933年获得普利策新闻奖的美联社记者弗兰克·贾米森(Frank Jamieson)负责管理公共关系处;普利策奖获得者历史学家拉尔·范·多伦(Carl Van Doren)、出版人阿尔弗莱德·哈考特(Alfred Harcourt)和理查德·西蒙(Richard Simon)共同加入出版委员会。而在音乐委员会,洛克菲勒则雇用了备受欢迎的作曲家亚伦·科普兰(Aaron Copland),并且派他代表办公室出访拉丁美洲。

从美国政府各部门的责任分工来看,"美洲间事务合作办公室"并不在负责传统外交活动的国务院管辖范围内。这也从一定程度上说明美国自由主义传统仍然在发挥影响。直到1941年"珍珠港事件"后,美国正式加入第二次世界大战,文化国际传播活动才正式被纳入外交框架。

---

① Hart, Justin. *Empire of Ideas: The Origins of Public Diplomacy and the Transformation of U. S. Foreign Policy.* Oxford: Oxford University Press, 2013, P. 47.

第六章　美国与拉丁美洲国家文化外交观念和策略的历史建构（1936~1942年）

第五节
本章小结

20世纪20年代和30年代早期，面对拉丁美洲由来已久的"反美主义"情绪，美国一直由非政府机构承担对拉丁美洲的文化传播。1933年后，纳粹德国加强对拉丁美洲的反美宣传，对美国国家安全造成极大威胁。随着罗斯福政府出台"睦邻政策"，美国文化国际传播被逐渐整合入官方外交框架，美国文化外交的观念和策略由此得以逐步建构。

文化外交观念通过"制度化"路径影响美国文化国际传播策略。1938年，美国国务院创建本国历史上首个官方文化外交机构——文化关系司，协调政府与私人组织的合作。该机构在对拉丁美洲国家的传播实践中逐渐形成了一套观念。首先是"原则化信念"，即美国的文化外交是一种国际教育合作，而不是政治宣传。因此，文化项目一直秉持"公私合作"和"互惠互利"两个基本原则。在传播策略方面，该机构立足拉丁美洲，放眼世界。从美国国务院创立文化关系司开始，其目标就不仅是在西半球资助几个教育交流项目而已。与"睦邻政策"框架内的其他项目相比，美国外交政策制定者一直希望把文化项目推向全世界。

其次，在对外传播的内容方面，"文化"的内涵被逐步扩展。文化关系司起初专注于高雅文化，而随后也开始包含以好莱坞和爵士乐为代表的美国流行文化。随着洛克菲勒关于文化和教育项目应该与经济项目共同开展的观念被政府采纳，"文化"的内涵被再次扩展。此种观念也以美洲间事务合作办公室的成立得以体制化。经济、信息和文化在办公室的统一管理下相互联系并协同工作。"信息"项目利用电台、电影和出版物传播美国文化，而所有这些都被认为属于"文化"范畴。另外，美洲间事务合作办公室重视对外关系中美国国家形象的作用，并拓展了信息传播渠道，使其包括无线电、电影和印刷等多种媒介形式。

第七章

第二次世界大战中美国文化宣传观念与策略的历史建构（1942~1945年）

第二次世界大战期间，美国的国家身份与利益被再一次重新建构。在"外交大辩论"中，罗斯福政府重拾威尔逊的自由国际主义理念，为文化宣传观念的确立提供了"原则化信念"。在文化咨询委员会的一系列讨论中，"文化"的概念被极大扩展；在哈里·诺特和拉尔夫·特纳等人的影响下，"文化宣传"与"文化外交"的界线逐渐模糊。上述观念转变沿着体制化路径影响美国文化国际传播策略。1944年，美国国务院开始革新内部架构，同时建立战争信息办公室，以文化宣传手段维护战时美国的国家利益。1945年，文化国际传播相关的各类机构被整合纳入美国国务院管辖范围，正式宣告美国文化国际传播观念与策略的全面宣传化。

第一节
美国文化宣传观念的历史建构

一、美国身份与利益的重新建构——美国"外交大辩论"

戈尔茨坦和基欧汉曾经指出观念在不确定的环境中起着路线图的作

第七章　第二次世界大战中美国文化宣传观念与策略的历史建构（1942～1945年）

用，而在萧条、战争和政党衰落以及政府被推翻等条件下，观念都有可能变得更加重要，因为这些外部震荡都削弱了现存秩序。在这种时刻，政治议程可能因为某些新的规范性或因果性信念被广泛接受而发生激进的变化。[1]

1941年12月7日，日本对珍珠港的突袭将美国拖入第二次世界大战。"珍珠港事件"后，在文化与外交的关系方面，自由主义的"原则化信念"开始动摇。在美国国内，利用文化资源为国家安全服务的呼声高涨，联邦政府内部也愈加强调文化项目的宣传作用，把文化与教育视为打击"轴心国"的有力武器。最终，随着战争事态不断发展，"单向宣传与互惠文化合作之间的界限愈加模糊"[2]。这一事件引发了一场关于美国对外政策的大辩论。这也是美国国内最后一次关于"美国是否应该发挥全球影响力"的大辩论。

"珍珠港事件"作为一种剧烈的"外部震荡"削弱了当时美国对外政策的"原则化信念"和"因果信念"，为1941年文化外交观念的重新建构提供了重要的历史背景。美国外交政策制定者认为"二战"已经颠覆了当时的国际秩序，甚至在美国参战之前就彻底改变了美国在世界中的角色，美国将成为大英帝国之后的世界霸权。美国国家角色的改变也重新建构了其核心利益。参战后，美国的核心利益在于尽快夺取战争胜利。而对于文化外交的官员来说，美国国家身份和利益的改变意味着他们的工作内容被极大扩充，因此必须制定新策略来应对多变的现实环境。在美国国家身份的重新建构中，文化外交的"因果信念"也彻底改变：仅限于美洲国家间的双边教育交流项目已不能达成政策目标。因此，美国的文化外交必须扩展成为一项全球计划。

早在1938年，美国政府官员就已经开始讨论文化外交走出拉丁美洲的

---

[1] ［美］朱迪斯·戈尔茨坦、罗伯特·基欧汉编：《观念与外交政策：信念、制度与政治变迁》，刘东国、于军译，北京大学出版社2005年版，第17页。

[2] Cherrington, Ben M, "Ten Years After" *Association of American Colleges Bulletin*, Vol. 34, Dec. 1948, P. 5. 转引自 Mulcahy, "Cultural Diplomacy and the Exchange Programs: 1938 – 1978", *Journal of Arts Management, Law & Society*, 1999, Vol. 29, No. 1, P. 14.

策略。1939年9月，德国入侵波兰仅6天后，文化关系司的代表就开始讨论如何利用欧洲的危机扩张美国文化的影响力。代表们认为，正如美国在"一战"期间获得的经济快速发展机遇一样，欧洲国家在西半球文化影响力的衰落正是美国扩大其文化全球影响力的良机。换句话说，如果说"一战"中欧洲大陆的毁灭助推美国在20世纪20年代一跃成为世界经济大国，那么"二战"则将提供一个让美国成为政治和文化大国的机会。[1]

美国参战后，文化关系司建构了一种崭新的文化关系观念，其中"文化"的内涵被极大扩展，涵盖了经济和政治文化、高雅文化和流行文化。随着新成员加入文化关系司，以及由来自不同专业背景的人员组成的文化咨询委员会的成立，美国文化国际传播的观念得以极大丰富。委员们开始认为"文化关系司"成立初期倡导的互惠教育交流不能满足一个正在走向世界霸权的美国的国家利益。文化交流不应只包括智力和文化产品的出口与交换，还应包括在国际舞台上塑造美国国家形象。而此种对于国家自身形象的关注使美国的文化外交在宣传化的方向上又进了一步。

对于文化项目来说，对于国家形象的关注是从"睦邻政策"中发展出来的。与此同时，第二次世界大战引发的全球危机也让美国政府意识到，只有充分调动国家的文化资源才能实现对外政策目标。日本和德国的宣传活动已经证明了大众媒体的力量，美国政府也开始意识到与"大众"直接沟通变得愈加重要。另外，战争使世界上很多地区出现了暂时的"权力真空"，数百万人的思想和意识形态认同被暂时悬置。何种思想和意识形态将会崛起？美国文化外交官员借此机会竭力向国务院和联邦政府证明自己工作的重要性，而战争环境也的确证明文化关系已成为一国对外关系的核心。在"外交大辩论"期间，政策制定者们的讨论为美国文化外交内容和地理范围的扩展奠定了基础，也从一个侧面反映出罗斯福政府对外政策的野心。

---

[1] Unsigned memo from the Division of Cultural Relations, September 7, 1939, Box 53, Entry 718, RG 59, NARA. 转引自 Justin Hart. *Empire of Ideas: The Origins of Public Diplomacy and the Transformation of U. S. Foreign Policy*. Oxford: Oxford University Press, 2013, P. 55.

二、美国对外关系"原则化信念"的转向——自由国际主义的回潮

1939~1941年间,美国社会各界对于是否介入欧洲危机这一议题展开了激烈讨论。论辩双方都雇用了著名的政治家和权威人士在华盛顿展开游说,并试图在全国范围影响公众舆论。

战争伊始,尽管美国各界对纳粹德国的作为感到强烈反感,但30年代的对外政策态度仍然深刻地影响着美国大部分民众。但在回顾历史时可以发现,美国公众对于对外政策的态度在1941年就已发生变化。1941年3月,富兰克林·罗斯福说服国会以较大优势通过了"租借法案"(Land-lease Act),为正在努力抵抗德国空军"闪电战"的英国提供军事援助。尽管"租借法案"被认为是保持美国军事中立的方式,但这一法案也证明美国不能置英国的安危于不顾。

同年7月,支持美国参战的电影《约克中士》(Sergeant York)上映,备受欢迎。9月,"美国优先委员会"(American First Committe)对此保持警觉,随后便说服国会对好莱坞的疑似"战争动员"行为展开调查。1941年,一项政府内部调查显示:民众对"无论美国是否参战,美国都应该在战后秩序重建中扮演重要角色"这一观点的认同度明显增加。让人惊讶的是,之前对于美国参与国际组织(比如国际联盟)的反对意见被迅速扭转。仅4年之前,2/3的美国人反对这一想法;1941年,民意调查显示意见已经是"五五开";而在1年之后,大多数民众开始支持此类想法。在战争结束之后,支持比例更是达到了80%。[1] 如果说美国未能参加国际联盟象征了"威尔逊主义"的破产,那么支持国际组织则体现了对威尔逊"自由国际主义"的支持。因此,1941年成了一个转折点,有学者称其为"威尔逊主义"的"第二次机会"[2],它也标志美国民众开始接受亨利·卢

---

[1] 数据来自盖洛普咨询公司,http://ibiblio.org/pha/Gallup/,2010-09-01/2020-01-08.
[2] Divine, Robert A. *Second Chance: The Triumph of Internationalism in America During World War II*. New York: Atheneum, 1967.

斯所提倡的"在精神上和现实中"接受一个"美国世纪"的到来。

1941年2月17日的《生活》杂志上，卢斯发表《美国世纪》一文，号召美国民众接受这个国家的所谓"天命"，从衰败的大英帝国手里接过世界领导权。与欧洲殖民者靠领土扩张控制世界不同，他预言美国将依靠意识形态和文化的传播获得全球影响力。卢斯认为自20世纪以来美国各类文化国际传播活动已经为这一过程奠定了基础。[①] 从短期看，卢斯希望击败那些阻止美国加入"二战"的国内势力；从长远来看，他想推动这个国家彻底转变外交方面的"原则化信念"，即完全抛弃孤立主义传统，转而接受国际主义立场。

当"珍珠港事件"发生时，美国人已经普遍接受了"美国世纪"的说法。他们中的很多人可能从未听过亨利·卢斯的名字，他的文章在当时也没有引起广泛报道。但是在战争结束之后，分析美国在战后世界地位的文章却经常使用"美国世纪"一词，一些公众人物也开始使用该词。与"天定命运"一样，"美国世纪"的支持者当时已经在美国国内形成了一个"认识共同体"。只有在回看历史的时候才能发现这篇文章敏锐地抓住了美国民众对于国家对外政策的态度转变，而这种转变正是由于战争所触发的。

随着美国社会对战争态度的转变，国务院官员也开始着手制定新的文化外交策略，扩充传播内容并扩大覆盖范围。战时状态也促使美国国会增加了对文化外交项目的拨款，使其可以在各方面超越布宜诺斯艾利斯大会时期制定的政策框架。不久之后，以学生和教师互换为代表的教育交流项目就成为更庞大的文化项目其中的一部分，而文化国际传播则开始被当作提高美国影响力和国际威望的重要手段。

---

① Luce, Henry, "The American Century", *Diplomatic History*. Malden: Blackwell Publishers, 1999, Vol. 23, No. 2.

三、文化宣传"认识共同体"——文化咨询委员会的建立

1941~1945年期间，美国国务院文化交流处召开了数次文化咨询委员会（Cultural Advisory Committee）会议，邀请了美国文化和教育领域知名专家学者为美国文化项目的长期发展制定计划。在文化咨询委员会的推动和授权下，文化交流处开始把视线投向西半球之外，并进一步扩展了美国文化外交中"文化"的内涵。以美国时任副总统亨利·华莱士为代表的政治家和知识分子还深入讨论了文化与帝国之间的关系，以及文化传播如何改变他国对美国的看法。

在会议讨论中，文化咨询委员会中的政府官员和公共知识分子构成了一个"认识共同体"，阐发了崭新的美国文化外交观念。首先，文化外交中"文化"的内涵被不断拓展。与亨利·卢斯类似，副总统华莱士也认为要通过文化和意识形态的国际传播扩大美国的全球影响力。他建议国务院用一种更宏观的视角看待"文化"的概念，也不要把受众局限为受传国家的精英阶层，而是要面向普通大众。为达此目标，在与他国保持友善的文化关系的同时，他认为应该通过技术援助手段提高欠发达国家的农业生产效率，进而提高其整体经济水平。与洛克菲勒一样，华莱士认为经济与文化项目之间并没有清晰的界线，而是应该互为补充。因此，他建议国务院将文化项目与美洲国家合作委员会（CCAR）的技术援助项目整合在一起，因为两者是一个硬币的两面。[①]

"文化"内涵的扩展也反映在文化咨询委员会的人员构成方面。文化咨询委员会决定吸纳更多来自不同专业的委员，使其不再局限在一小部分教育家和外交人员。1940年末，一些有影响力的公共知识分子，如美国学术团体协会（ACLS）的麦克利什和瓦尔多·乐兰（Waldo Leland）也开始

---

① Espinosa, Manuel. *Inter-American Beginnings of U. S. Cultural Diplomacy, 1936–1948*. Washington, DC: Department of State, 1976, pp. 167–168.

与华莱士共同筹划基于长远目标的文化关系项目。

文化咨询委员会在讨论中还革新了美国文化外交在传播受众方面的传统观念。1941年9月的会议中，华莱士批评现有文化项目大多只面向美洲精英人士。他认为从长远来看，"我们应该与剩下的90%的人民建立关系，而其中大部分人从事农业生产。除非我们能够设法帮助他们大幅提高经济水平，以便使健康和教育的发展成为可能，否则民主就没有基础。在一个真正的民主制度中，文化和经济合作大体上是互相依赖的，其中任何一个都不能单独存活"[①]。随后，美国政府开始支持一些"文化"项目之外的项目，如建设泛美高速公路和创立"美洲间热带协会"（Inter-American Tropical Institute）。华莱士还号召美国在提高农业生产效率方面为拉丁美洲国家提供技术支持。尽管国务院和"美洲间事务合作委员会"（OCIAA）已经在这方面进行了各种尝试，但华莱士仍坚持应将这些项目都包含到"文化关系"的范畴当中。

华莱士的建议最终得到了文化咨询委员会其他成员的积极响应。会议在"文化"的内涵方面最终达成共识："文化关系"项目既应包括智力与艺术交流，同时也应涵盖经济和社会领域知识的共享。文化咨询委员会同意拓展项目范围，使其包含"教育交流、刊物分发和其他媒介的共享，使其可以对公共健康、工程、农业和工业发展做出贡献"[②]。但一些文化国际主义者，如瓦尔多·乐兰则担心华莱士的建议"意义深远，以至于彻底改变我们对于这些项目的理解"。乐兰也担心这些项目成为"政府达成针对其他国家社会、经济甚至政治目标"的宣传工具。[③] 但客观上看，这种担心从国务院资助首个教育交流项目时就已经存在了。毕竟，美国政府很少参与非政治目的的活动。

---

① Espinosa, Manuel. *Inter-American Beginnings of U. S. Cultural Diplomacy, 1936-1948*. Washington, DC: Department of State, 1976, P. 206.

②③ 会议讨论内容参见 Minutes of Meeting, General Advisory Committee of the Division of Cultural Relations of the Department of State, September 17-18, 1941, Box 29, Entries 20-22, RG 353, NA-RA.，资料获取自 https://www.archives.gov/research/guide-fed-records/groups/059.html, 2020年1月3日。

第七章　第二次世界大战中美国文化宣传观念与策略的历史建构（1942~1945年）

文化咨询委员会作为一个"认识共同体"，还试图回答长久以来困扰美国文化国际传播的核心问题：文化外交与文化宣传是否应该分开？两者是否能够分开？一些代表认为应继续在两类项目之间建立一个"防火墙"。但在1941年9月的讨论中，越来越多的委员开始质疑这种自由主义的"原则化信念"，转而认为文化外交和文化宣传在塑造美国形象的过程中扮演同样重要的角色，并认为美国联邦政府应担此重任。正如斯坦福大学历史学家哈利·诺特（Harley Notter）所指出的：

"文化关系已经成为国家政策的考量之一。所有大国政府都参与到文化关系项目之中。宣传已经成为所有大国和很多小国的当务之急。既然文化关系在实现国家目标方面具有潜在优势，那么任何政府都不能将其委托给私人基金会或其他私人组织。建立和发展国家间文化关系已然成为政府职责。"[①]

即使如本·彻林顿这样的文化国际主义者也不得不承认发展国家间的文化和智力关系将会成为现代政府愈加重要的一项职责。尽管彻林顿认为美国不应开展全面的宣传活动，但他还是做出妥协，表示政府应重视国家间在思想和文化领域的交流。

在所有与会者当中，没有人比哈利·诺特更好地表达出文化关系在美国对外政策中的重要性。诺特在会议讨论中提供了一种基于美国国家身份历史演进的视角。与卢斯一样，诺特强调在大英帝国衰败的国际格局中掌握全球领导权的必要性。他认为正如英格兰在一个世纪前通过对外输出工业生产技术造福其他国家一样，美国现在也应该通过输出文化以推动其他国家发展。他还提出一种"因果信念"，即一国文化影响力的强弱与国家实力的兴衰是相伴相生的。他认为在战争结束后，美国将会成为世界上最具文化吸引力的国家。美国文化政策制定者们有责任思考如何维持国际秩

[①] 会议讨论内容参见 Minutes of Meeting, General Advisory Committee of the Division of Cultural Relations of the Department of State, September 17-18, 1941, Box 29, Entries 20-22, RG 353, NARA，资料获取自 https://www.archives.gov/research/guide-fed-records/groups/059.html, 2020年1月3日。

序。如果美国推卸了这一责任,"二战"的悲剧只是之后更大麻烦的序章。美国必须在多变的国际环境中实现自己的国家利益。在诺特看来,历史兴替规律决定了美国将成为下一个领导世界的帝国。尽管美国当时还没有参战,但诺特却坚定地认为这一趋势不可扭转。①

随后发生的"珍珠港事件"以及美国加入"二战"并没有改变"外交大辩论"形成的关于文化关系的基本共识。在美国参战之后的首次文化咨询委员会会议上,查尔斯·汤姆森(Charles Thomson)表示"要让美洲各共和国和世界各国人民相信我们的友谊是真诚的。在战争环境中继续发展文化项目并且强化其中的一些部分非常重要"②。这一声明提出了两个重要问题:第一,文化项目的哪些部分应该被强化?第二,为何汤姆森决定扩展"文化交流处"项目的活动范围,不仅包括拉丁美洲,还包括了反对邪恶轴心的所有国家?

在之前的几个月之中,国务院已经开始采取行动,实施由亨利·华莱士提出,哈利·诺特和麦克利什等人赞同的更大范围的文化关系项目,其更强调对其他国家的技术援助,以期改善美国国家形象。这一观念被广泛接受,并迅速得以制度化:国务院在1942年4月决定把"美洲间合作委员会"(CCAR)移交给文化关系司管理。美洲间合作委员会在1938年创立时的目的就是把技术支持项目和文化关系分开,而现在这样的区分不再有任何道理了。

文化宣传观念的制度化也在"文化咨询委员会"的人员构成方面得以反映。1942年2月,文化咨询委员会已经由两年前首次会议的9人扩展至52人。其中18人来自文化关系司,13人来自"美洲间事务合作办公室"(OCIAA)。尽管专业背景各异,但他们的专业知识都能帮助达成华莱士所说的"用美国文化影响90%的公众"的目标。其中一些委员强调公共舆论在西半球的防御作用;也有人建议应创立一种综合性的文化项目,使其不

---

①② 会议讨论内容参见 Minutes of Meeting, General Advisory Committee of the Division of Cultural Relations of the Department of State, September 17 – 18, 1941, Box 29, Entries 20 – 22, RG 353, NARA.

第七章　第二次世界大战中美国文化宣传观念与策略的历史建构（1942~1945 年）

仅包括"高雅艺术"，也包括工业生产技术、艺术项目、民间艺术和建筑。由此可见，美国文化外交中的"文化"概念的确得到了极大拓展。

通过上述分析可见，改善国家形象已成为美国文化外交和文化宣传重要的预期目标。在当时第三世界国家独立运动兴起的历史条件下，美国外交政策制定者们开始思考如何在传统殖民形式衰败后用一种新的方式扩大美国的影响力。查尔斯·汤普森在"珍珠港事件"之后的第一次文化咨询委员会会议上曾预测，在科技迅速发展的条件下，第三世界的人民将不再把安全感匮乏和贫困看作不可避免，而这将在这些国家中诱发"社会革命"。因此，汤姆森提出一种新的"因果观念"，即用文化外交解决"所有国家人民的社会经济需求，保护他们不受危险和贫困侵扰"[①]。

亨利·华莱士也曾经表达过同样的"因果观念"。1942 年"文化咨询委员会"会议上他指出世界上的"落后国家"已经开始寻求独立，而美国的权力在此时达到了顶峰。因此，在过去几个世纪中与这些国家相处的方式现在已经不再合适。"在拉丁美洲，贫困人口占了人口总数的至少 90%，而说到底还是人民决定了我们（美国）在这些国家努力的成败。"[②]

政策制定者在文化关系领域设计了两条路径去接触那些 90% 的民众：第一条路径是技术援助项目，此类项目可以与他国民众共享"发明和机器中蕴含的观念"。但是，将技术援助项目与传统的智力交换整合在一起也有一些风险。在技术援助项目的传播过程中，信息单向流动，美国官员往往在"教授"其他国家如何发展自己的经济。虽然政策制定者反复提醒不要采用一种居高临下或者沙文主义的口吻，也不要有一种"优越的态度"，但同时他们也预设他国民众必然寻求西式，尤其是美式的经济发展模式。用"美洲国家间事务办公室"主管洛克菲勒的话来说，"美国的职责之一

[①] Thomson, "The Permanent Cultural Relations Program as a Basic Instrumentality of American Foreign Policy", February 9, 1942, Folder 16, Box 225, MC 468, CU Historical Collection, UAR. 转引自 Manuel Espinosa. *Inter - American Beginnings of U. S. Cultural Diplomacy, 1936 - 1948*. Washington, DC: Department of State, 1976, P. 194.

[②] Minutes of Meeting, General Advisory Committee of the Division of Cultural Relations of the Department of State, September 17 - 18, 1941, Box 29, Entries 20 - 22, RG 353, NARA.

就是加快其他国家的'进化'速度"。①

上述分析的美国文化国际传播观念显然为文化外交和文化宣传的整合打下了基础。1942年，文化政策制定者已经开始公开谈论宣传在美国对外政策中的角色。而4年前，赫尔还向彻林顿保证他所负责的"文化交流处"不会参与宣传活动。但到了1942年，很多文化政策制定者却坚信在文化传播领域做的任何事情本身都是宣传。尽管大多数官员仍然认为应该保持宣传和文化关系项目之间的界线，但文化国际传播对国家形象的巨大影响的确使他们对大众劝服（mass persuasion）愈加感兴趣。② 一些学者指出美国主张的所谓"国家间文化关系"从来都只是政治宣传的委婉语，但是这也就混淆了文化国际主义者与那些主张文化传播为狭隘国家利益服务的文化国家主义者之间的区别。当前者的声音逐渐在美国全球化的现实中退潮，后者的观念开始逐渐处于主导位置。

这种"宣传转向"显然是对于美国自由主义"原则化信念"的一种偏离。1942年年中，国务院官员还未曾考虑过宣传，以至于他们都忽略了罗斯福总统在国务院之外创立了"战争信息办公室"（OWI）这一独立机构。很显然，"文化关系"这一概念内涵的扩展尚未传递到国务院高层。在之后短短几年中，由于参战后国家身份和利益的转变，美国开始愈加重视文化的国际传播在塑造舆论和提升国家形象方面的作用，这也就逐步侵蚀了文化外交中的"互惠性"和文化国际主义精神。

四、特纳备忘录——文化宣传原则化信念的建构

自1917年威尔逊政府创立公共信息委员会开始，美国文化的国际传播是否应该被纳入国家外交政策框架就备受争议。1942年秋天，美国文化外交与文化宣传的界线开始逐渐模糊。在过去的一年中，政策制定者们已经

---

①② Minutes of Meeting, General Advisory Committee of the Division of Cultural Relations of the Department of State, September 17-18, 1941, Box 29, Entries 20-22, RG 353, NARA.

第七章 第二次世界大战中美国文化宣传观念与策略的历史建构（1942~1945年）

极大丰富了文化外交的内涵。文化外交曾经只是美国既有对外政策的补充，但却在1942年被扩展成了几乎包含美国对外政策各个方面的综合项目。查尔斯·汤姆森认为不应只把文化外交当成一种政策实验，而应考虑让其成为美国对外政策的永久组成部分。他指出文化外交应被理解成"维持稳定的世界秩序，修正国际关系和国际态度的一种基本手段"[1]。

为了设计战后美国文化外交的未来，文化交流处委托耶鲁大学历史学家拉尔夫·特纳（Ralph Turner）起草一份备忘录，展望战后国际文化关系。特纳于1942年末至1943年初将其完成。他在备忘录中指出文化关系对于战后重建项目的重要性。[2] 这些备忘录成为1943年2月"文化咨询委员会"会议的讨论基础。

特纳在这份备忘录中提议重新思考"国家间文化关系"与"对外政策"两者之间的关系，并由此提出了新的"原则化信念"。在备受争议的关于文化项目是否应该被用于实现国家对外政策目标这一问题上，特纳认为该问题错误地预设了"文化关系"和"对外政策"之间的对立关系。从理论上看，一个主权国家的外交政策，或者称为对外政策，包含了由官方采纳的用以维护其自身利益的策略。而美国文化国际主义者把"文化交流"看作一种国际主义的项目，其目标是让世界上各个民族通过智力合作的方式走近彼此。文化国际主义者认为如果文化外交与国家对外政策的利己目标联系在一起，文化外交就会被破坏。特纳主张超越这种非此即彼的二元思维，他指出："如果文化关系在过去处于对外关系的边缘，那么在新的国际局势下，文化关系已经处于核心地位。也许这只有当我们采用一种新的对外关系观念的时候才会显现出来。"[3]

---

[1] Thomson, "The Permanent Cultural Relations Program as a Basic Instrumentality of American Foreign Policy", February 9, 1942, Folder 16, Box 225, MC 468, CU Historical Collection, UAR.

[2] 关于特纳备忘录，参见 Ninkovich, *The Diplomacy of Ideas*, 66-67 及 Turner, *The Great Cultural Traditions*.

[3] "Tentative Agenda, General Advisory Committee", February 23-24, 1943, Fiche 176-171, *Post World War II Foreign Policy Planning*，获取自 https://www.bsb-muenchen.de/mikro/lit146.pdf, 2019年8月2日。

在会议中，一些文化国际主义者批评特纳将文化项目置于国家主义的对外政策框架内。例如，韦尔斯就坚持主张真正的文化关系项目不应被用来实现任何国家对外政策目标。在早期文化交流项目中贡献颇多的史蒂芬·达甘则更进一步，宣称用以实现对外政策目标的文化活动就不再是文化关系，而是宣传。① 美国学术团体协会（ACLS）的沃尔多·乐兰（Waldo Leland）则建议更清楚地定义"备忘录中使用的广义上的文化关系"。作为回应，特纳提出文化关系不仅包括目的单纯的知识交流，也包括"应用和实施时的问题"，而这不可避免地将会塑造对外关系。②

最终，文化咨询委员会聚焦的核心问题已经不再是"什么构成了文化关系"，而是"什么构成了对外政策"。在讨论中委员会逐渐接近特纳的观点。历史学家盖伊·福特（Guy Ford）就赞扬特纳发展了"一种新哲学和对文化关系的全新解读"，以及达成这个目标的一种"对外政策的新观念"；斯坦福大学教育系主任格雷森·基福弗（Grayson Kefauver）则认为"在一个物理意义上愈加变小的世界里，文化方面的影响会逐渐变大"。阿尔杰·希斯（Alger Hiss）则提出应该区分"短期的和目标不断变动的狭义对外政策"和"广义的文化政策"，并认为后者可以展现一个国家的"性格"。史蒂芬·达甘的同事，卡尔·米拉姆（Carl Milam）尽管一开始批评特纳，但最终也承认文化国际传播可以创造出一种适宜宣传美国对外政策的舆论环境。曾经指责特纳的建议是文化殖民主义的哈利·诺特（Harley Notter）也承认"文化项目可以不与对外政策关联"这一看法是不现实的，"一个国家发生的任何事情都无法彻底与对外政策撇清关系"③。

即便如此，乐兰及其他一些坚定的文化国际主义者还是没有被劝服。他们认为整个讨论都预设了美国发展经验的普适性，但是这并不一定存在。但他也承认委员会的讨论取得了实质进展，因此他同意起草一个决

---

① Welles to Thomson, February 22, 1943, Fiche 174 – 171, *Post World War II Foreign Policy Planning*.

②③ General Advisory Committee of the Division of Cultural Relations of the Department of State, February 23 – 24, 1943, Box 29, Entries 20 – 22, RG 353, NARA.

第七章　第二次世界大战中美国文化宣传观念与策略的历史建构（1942～1945年）

议，传达一种妥协的立场：

"决议认为文化关系项目在美国对外政策框架下可以起到积极作用，有其独特意义。政策试图促进国家间的相互理解，并寻求尽快达成以下目标：

（1）思想和信息，尤其是与健康、经济和社会福利以及人民的文化进步相关信息的自由流动。

（2）建立和维持一种和平、安全以及合作的世界秩序。"①

长期来看，就像特纳预测的一样，现代大众传播技术的进步从各个层面加强了文化在现代对外关系中的作用。通过创立文化关系司，即使是保守的国务院都意识到了将对外政策与文化国际传播彻底分开是不明智，也是不可能的。但文化国际主义者担忧的国家主义对于智力交流的负面影响也值得考虑。文化咨询委员会的讨论逐渐模糊了文化国家主义和文化国际主义观念下文化国际传播的界线。

从学理上看，英国学者米切尔（J. M. Mitchell）曾在《国际文化关系》（*International Cultural Relations*）一书中厘清了文化外交与"文化关系"之间的异同。他认为一个国家的对外政策（foreign policy）和它的对外关系（foreign relations）有区别：文化外交是一种国家参与规划和制定的文化交往策略，而国家间的"文化关系"则是国家间各个行为主体交往形成的关系总和。② 要想理解美国的对外政策（由国务院和白宫做出的官方政策）和美国的对外关系（美国与外部世界的联系的总和）就要厘清文化关系能否既是国家主义的，又是国际主义的。

文化咨询委员会在讨论中逐渐意识到即使是最"纯粹"的文化交流也影响了国家主义政策执行的环境。同样，国家官方外交政策也同样塑造非政府组织开展文化交流的外部环境。既然一个国家的对外政策与其对外关系互相影响，那么坚持彻底区分国家主义的文化宣传和国际主义的文化交

---

① 会议具体讨论参见 Espinosa, Manuel. *Inter - American Beginnings of U. S. Cultural Diplomacy, 1936 - 1948*. Washington, DC: Department of State, 1976, pp. 202 - 210.

② Mitchell, J. M. *International Cultural Relations*. London: Allen and Unwin in association with the British Council, 1986.

流在理论和实践上就都毫无意义。

在讨论中，特纳肯定了文化国际主义传播观念和策略的存在价值。特纳并不否定以世界和平为目的的智识交流，但他认为思想和文化交流已经成为国际关系中的一种强大力量。既然如此，国家政府就不能把文化和思想交流活动委托给国际组织管理。既然文化国际传播愈加塑造政府对外关系的环境，那么政府不可避免地要用文化的方式达成国家政策目标。"特纳备忘录"的结论是美国政府不能从世界范围内的思想和文化传播领域撤出，即使这意味着美国建立的文化关系与其曾经厌恶的"宣传"服务于同样的目的。

1944年6月，在文化咨询委员会最后一场会议中，委员们都不再纠结于"对外关系"的概念解读，也不再坚持区别文化、教育和信息，转而探讨智力和技术合作对战后世界经济重建的重要性。他们还讨论了如何更好地让学生交流项目为美国对外政策目标服务，因为"生活在美国的外国学生对于美国生活和体制的态度会影响对外关系"[1]。

在会议闭幕的时候，文化咨询委员会达成共识，承认美国政府出面支持国家间文化关系项目的重要性。这标志着长久以来关于"美国政府是否应该介入文化国际交流"辩论的结束。尽管委员会成员欣赏"更高智力和美学层面的文化关系"，但是他们也承认美国政府不得不制定积极主动的政策，利用美国文化的国际传播达成对外政策目标。[2]

1938～1944年的六年间，随着国际环境、美国国家身份与利益的诸多变动，美国文化国际传播的观念不断演变，并沿着制度化路径影响相关策略，最终使其从面向拉丁美洲国家的教育交流项目发展成为一系列内容丰富、面向全球受众，旨在提高美国形象的综合项目。而在此过程中，文化咨询委员会作为一个"认识共同体"，在各类讨论中建构出了美国的文化宣传观念，直接促成了美国文化国际主义的全面"国家主义"转向。

---

[1][2] Minutes of the Meeting of the General Advisory Committee on Cultural Relations, June 28-29, 1944, Fiche 180-186, *Post World War II Foreign Policy Planning*.

第七章 第二次世界大战中美国文化宣传观念与策略的历史建构（1942～1945年）

第二节
美国文化宣传观念的制度化与策略建构

一、文化宣传观念的制度化——美国国务院的机构重组

"特纳备忘录"对文化国际传播观念的重新建构暂时消解了长久以来美国文化外交中国家主义与国际主义的张力，文化宣传观念在当时的历史语境中得以合法化。随后，美国国务院开始调整行政体系架构，文化宣传观念也由此沿着制度化路径发挥影响。比如，罗斯福总统就设立了新机构公共信息办公室（Office of Public Information），其既涵盖"信息"交流（如学术研究和出版），也包含传统的"文化交流"（如电影、科学和艺术交流）。

这种界线的模糊也反映在美国国内和国际事务方面。时任国务卿斯退丁纽斯认为，"任何涉及美国海外利益和相关的行动事实上都是国家外交关切的事情。同时，被国际媒体报道的国内事务也是这个国家的外交关切"[1]。此种借由公共关系将对国内事务的关切纳入外交范畴是斯退丁纽斯任国务卿时美国最重要的变化。这意味着国务院开始将国内和国际"公众"当作对外关系事务中密不可分的一部分。

值得注意的是，美国政府决定将所有这些项目放到一个机构框架中。到了1944年，罗斯福政府成立的宣传机构战争信息办公室（Office of War Information, OWI）已经激起了国会的敌对情绪。尽管如此，国务院还是将

---

[1] MacCormac, John, "Hull to Take Reins over all Agencies in Economic Field", *New York Times*, September 3, 1943; Neal Stanford, "Streamlining Wind Hits State Department", *Christian Science Monitor*, December 4, 1944.

办公室诸多宣传策略与既有的文化项目结合在一起。随着国内政治和对外关系界线的模糊，政策制定者不得不将本国民众对外交政策的反应纳入考量。在"公共信息办公室"成立后，《华盛顿邮报》就曾经评论道："在真空中做外交决策的时代已经一去不复返了。"①

前文提及的"文化"内涵的扩展也同样反映在国务院的人事构成之中。1944年，美国国务院开始进行人事重组：阿奇博尔德·麦克利什、洛克菲勒、威尔·克莱顿和里奥·帕斯沃尔斯基成为新任助理国务卿。麦克利什是著名诗人和宣传家；洛克菲勒曾经领导美洲国家间事务合作办公室在拉丁美洲国家的宣传和经济现代化项目；克莱顿则是一个具有国内和国际经济事务背景的商人。

对于文化项目而言，麦克利什担任负责公共和文化事务的助理国务卿成了一个里程碑。这一职位的设置代表着"思想外交"（diplomacy of ideas）已经在国务院占有一席之地。从实践层面看，这个职位为实现文化咨询委员会会议上阐发的文化宣传观念提供了一个平台。以1941年为分水岭，美国文化国际传播的观念在美国已经被彻底重构，文化国际主义的"国家主义"转向已经完成，美国文化的国际传播已经被看作助力美国实现霸权的工具。

二、战争信息办公室的文化宣传策略

"珍珠港事件"发生前的两个月，罗斯福政府决定成立新的国际传播机构——事实与数字办公室（Office of Facts and Figures，OFF），并提名作家麦克利什为首任主管。罗斯福总统指出设立这个机构的目的是"向公民宣传和散播关于政府战争防御方面的努力和相关政策"②。但是麦克利什却认为这个办公室的工作不仅限于向美国人民传达关于事实和数字的信息。

---

① "State Department", *Washington Post*, December 5, 1944.
② Blum, J. M. *V Was for Victory: Politics and American Culture During World War II*, New York: Harcourt Brace Jovanovich, 1976, pp. 21-22.

第七章 第二次世界大战中美国文化宣传观念与策略的历史建构（1942～1945 年）

他使用了类似"真理策略"（the strategy of truth）的修辞来谈论这个办公室在抵抗德日两国政治宣传方面的作用。在美国于 1942 年 12 月加入战争之后，事实与数字办公室成了公共信息委员会的另一个版本，负责制作支持战争的海报和电影等，成为政府战争动员的机器。[①] 虽然该办公室存在不到一年，但是它却为美国的文化宣传走出拉丁美洲拉开了序幕。

1942 年 6 月，罗斯福政府宣布成立战争信息办公室，总统行政令指出其主要目的是"通过出版物、电台、电影和其他传播资源组成信息项目，增进国内外对于战争进展、战争行动和政府目标的理解"[②]。目前学界普遍认为该机构大体上是一个战争宣传机构。在国际传播方面，与"一战"期间公共信息委员会类似，战争信息办公室也花费了大量时间和资源向国外受众"兜售"这场战争。

鉴于战争的严峻形势，即使像国务院文化关系处首任主管本·彻林顿这样曾经的文化国际主义者也开始认为"文化在各个方面都必须被用作达成国家目的的工具，即击败敌人。宣传和教育之间无法彻底区分"[③]。在战争形势下，文化被政治彻底驯化，成为挫败敌人的有力武器。单向宣传和互惠文化合作的界线愈加模糊，而这集中反映在"战争信息办公室"对图书馆和电影两种媒介利用的案例中。

1943 年年中，在美国国务院和美国图书馆协会的合作下，战争信息办公室在美国驻伦敦大使馆建立了第一个海外图书馆。选择英国作为后来遍布全球的美国海外图书馆的第一站是因为当时英国社会对于美国文化展现出的兴趣。战争信息办公室认为这座图书馆应该成为一个提供信息参考和图书分发的信息中心，而不是一个宣传机构。但是当图书馆的首任主管，宾夕法尼亚大学的历史学教授到达美国驻伦敦使馆时却发现最初的设想明

[①] Girona, Ramon and Jordi Xifra, "The Office of Facts and Figures: Archibald MacLeish and the 'strategy of truth'", *Public Relations Review*, 2009, Vol. 35, No. 3, pp. 287-290.

[②] 总统行政令获取自 https://www.presidency.ucsb.edu/documents/executive-order-9182-establishing-the-office-war-information, 2019-07-04.

[③] Espinosa, Manuel. *Inter-American Beginnings of U. S. Cultural Diplomacy, 1936-1948*. Washington, DC: Department of State, 1976, P. 161.

显无法实现。他认为这座新的美国图书馆应该作为一个高效信息分发中心，而不是一个文化协会。

战争信息办公室迅速将图书馆项目扩展到了澳大利亚、新西兰、南非、印度和西班牙。同时，其还在埃及、葡萄牙、土耳其、中国、黎巴嫩、叙利亚甚至俄罗斯开设了大大小小的图书馆。伦敦图书馆的主管认为这些海外图书馆虽然诞生于战争之中，但是它们在和平时期也可能极有价值。"战争信息办公室"（办公室）努力将图书馆和图书的重要性提升到了一个新高度。办公室的工作人员意识到了关于美国的知识对于普通民众的重要性与日俱增。美国海外图书馆不再只是信息交换的场所，而成了大众理解美国文化的中心。

但是美国文化国际传播中长久以来一直存在的文化交流与政治宣传的张力也一直影响着海外图书馆的工作人员。他们接受了办公室在自卫、心理战和渗透技巧方面的培训，同时又被告知所有这些都不适用于图书管理员：你们的工作是讲真话。①

在电影领域，办公室起初寄希望于已经初具规模的好莱坞电影产业，希望各大好莱坞工作室以爱国热情响应战时需求。但是办公室同时也担心商业流行电影无法满足"信息战"的需求，一些官员还认为宣传事业太过重要，不能完全放手给好莱坞这样的商业机构。因此，"战争信息办公室"自己开始制作名为"美国风光"（American Scene）的纪录片系列。美国政府对其有具体的指导方针，如这些电影必须体现所谓"美国品质"（American character，尤其是现实主义和理想主义的结合），展现美国政府的构成与功能；美国技术和工业的进步和社会变革；美国"自由的图书馆制度"也在其中。②

战争导致美国的文化自由主义和国际主义传统退潮，文化国际传播

---

① Richards, Pamela Spence, "Information for the Allies", *The Library Quarterly: Information, Community, Policy*, 1982, Vol. 52, No. 4, pp. 325 – 347.

② Kotlowski, Dean J, "Selling America to the World: The Office of War Information's 'The Town' (1945) and the 'American Scene'", Series pp. 83 – 85, *Australasian Journal of American Studies*, Vol. 35, No. 1, The State and US Culture Industries (JULY 2016), pp. 79 – 101.

第七章　第二次世界大战中美国文化宣传观念与策略的历史建构（1942～1945年）

直接受控于民族主义，服务于国家利益，这还表现在文化国际传播中产生了一些禁忌主题。比如，美国的社会变革是被允许传播的主题，但任何电影"都不应该过分强调美国社会的罪恶一面，而不强调政府采取的措施。对于美国种族状况的讨论应该避免展示种族隔离……也不应该过于详细地展示社会中的多数与少数族群之间生活状况的差异……"其他禁忌还包括美国的"物质充裕"，或者任何关于美国"粗鲁的物质主义"的展现。最后，任何与"美国政治或者经济帝国主义"相关的内容也都不被允许。[①]

其实在"美国风光"系列之前，战争信息办公室就已经参与到纪录片的制作当中。这些纪录片大多反映美国在"二战"中的贡献和美国发达的科学技术，如1943年的纪录片《一部吉普车的自传》（*The Autobiography of a Jeep*）。尽管这些电影在海外接受度不错，但是"战争信息办公室"仍计划制作新系列来集中讲述美国国家和人民的"真相"，尤其是反映美国人民的"多样性"。美国文化国际传播中"公私合作"的传统被延续下来。尽管"战争信息办公室"负责制作这些纪录片，但是他们还是依赖好莱坞和其他相关专业人士的经验。比如，瑞典女演员英格丽·褒曼为电影《瑞典人在美国》（*Swedes in America*）做了旁白，这部电影反映了移民对于美国的积极影响。知名作曲家科普兰（Aaron Copland）为电影《卡明顿故事》（*The Cummington Story*）作曲，这部电影讲述了欧洲移民在马萨诸塞州的一个小城定居的故事。战争信息办公室最重要的作品是电影《小镇》（*The Town*）。该办公室选择约瑟夫·冯·斯登堡做该片导演。斯登堡彼时已经因为他在德语电影上的成就大放异彩，他的代表作有1930年的《蓝天使》（*The Blue Angel*）等。他受办公室的委托制作一部关于一个小城逐渐认识到自己在战争中应为国家承担责任的故事，该片于1945年上映。与早期美国纪录片类似，这部电影突出了一个印第安纳小城的种族多元性，

[①] Kotlowski, Dean J, "Selling America to the World: The Office of War Information's 'The Town' (1945) and the 'American Scene'", Series pp. 83 – 85, *Australasian Journal of American Studies*, Vol. 35, No. 1, The State and US Culture Industries (JULY 2016), pp. 79 – 101.

同时也反映了美国的宗教自由、工作伦理道德规范及教育在社会中的角色和民主的力量。这部电影最后描述了这个小城的年轻男性在解放欧洲时做的重要贡献。简而言之，这部电影反映了当时的美国，或者至少反映了战争信息办公室的电影制作者想要展现的美国。尽管这部电影反映了美国的种族多样性，但却并未提及种族隔离制度，并且全片只有一个非裔美国人在当地图书馆浏览图书的镜头。[1]

客观分析战争信息办公室的文化宣传策略可以发现其利用了多种"快媒介"渠道，包括电台广播、杂志和小册子、海报和新闻分发以及其他多种信息传播方式。这究竟是政治宣传，抑或只是讲述关于美国的真相？还是利用美国文化向世界推销美国？事实上上述每一种说法都有其合理性。第二次世界大战使信息和文化国际传播活动在国家外交中扮演了更加重要的角色，但美国社会对这种角色的内在本质尚未达成共识。一些人坚信美国文化应该只是一种与世界民众实现精神沟通的手段；而另一些人则认为文化和政治宣传是达成国家政治和经济目标的工具。这两种观点的冲突在战争年代一直存在。虽然与文化国际传播有关的联邦办公室逐步建立，如美洲间事务合作办公室（OCIAA）、事实与数据办公室（OFF）和战争信息办公室（OWI），但实际情况则是相关机构仍然依赖由个人和社会组织提供的专业技能。而这种"公私合作"机制能够运转的前提在于政府和非政府参与者都认同文化已经成为国际关系中的重要工具。

尽管关于美国文化国际传播背后的价值和目的的讨论在随后几年仍在持续，但当1945年第二次世界大战结束的时候，美国政府迫切想要解决文化国际传播事务管辖权的问题，其做法就是宁科维奇所说的"体制化的政治"[2]。1944~1945年间，美国文化国际传播"官方化"进程开始加速：

---

[1] Kotlowski, Dean J, "Selling America to the World: The Office of War Information's 'The Town' (1945) and the 'American Scene'", Series pp. 86 – 94, *Australasian Journal of American Studies*, Vol. 35, No. 1, The State and US Culture Industries (JULY 2016), pp. 79 – 101.

[2] Ninkovich, Frank A. *Diplomacy of Ideas: U. S. Foreign Policy and Cultural Relations, 1938 – 1950.* Cambridge: Cambridge University Press, 1981, P. 113.

第七章　第二次世界大战中美国文化宣传观念与策略的历史建构（1942～1945年）

美国政府开始彻底背离"私人主导，政府协调"的"原则化信念"，积极介入文化国际传播事务。哈里·杜鲁门总统将两个战时宣传机构——战争信息办公室和美洲间事务合作办公室的大众传媒职能转交给了国务院，进一步模糊了"信息"和"文化"之间的区分，使两者在战争中协调一致。他曾经毫不掩饰地宣称"当下国际关系的性质使得美国必须将海外信息活动作为外交事务的一个组成部分"[①]。1945年，美国已经成为世界上最重要的政治、经济和军事力量。在新的历史阶段，美国政府官员愈加将文化项目视为用来实现美国霸权的工具。[②] 在一个意识形态逐渐分化的世界，由私人和非政府机构主导的文化国际传播活动已然无法维护美国国家利益，因此联邦政府彻底接管了此项工作。

第三节
本章小结

第二次世界大战中，美国的国家身份和利益被重新建构。美国社会开始逐渐认同"美国世纪"的观念，并接受美国作为"下一个世界霸权"的身份。因此，在"外交大辩论"后，威尔逊的"自由国际主义"理念得到了第二次实践的机会。在战争中，美国核心利益是尽快击败纳粹，结束战争，这就为文化宣传观念的产生提供了"原则化信念"。在文化咨询委员会的一系列讨论中，"文化"的概念被极大扩展：从仅限于拉丁美洲的数个文化教育交流项目拓展成为面向全球，并包含经济现代化和技术援助等一系列总体发展项目。在"特纳备忘录"的影响下，文化宣传与文化外交的界线逐渐模糊，最后文化咨询委员会一致认为美国政府不应把对国际关

[①] Thomson, Charles and Walter Laves. *Cultural Relations and U. S. Foreign Policy*. Bloomington, Ind.: Indiana University Press, 1963, P. 58.

[②] Hart, Justin. *Empire of Ideas: The Origins of Public Diplomacy and the Transformation of U. S. Foreign Policy*. Oxford: Oxford University Press, 2013, P. 70.

系影响重大的文化国际传播活动交给私人组织，政府必须介入其中。这种观念的转变也沿着"体制化"路径影响美国相关政策。1944年，美国国务院开始革新内部组织人事架构，同时建立战争信息办公室，将文化的国际传播作为战时分化和击败敌人的武器。直至1945年，美国已经成为世界上最重要的政治、经济和军事力量。在新历史阶段，美国政府愈加将文化的国际传播视为促进美国霸权的工具，也标志着美国文化外交的全面"宣传转向"。

第八章
研究结论

　　文化的国际传播已经深刻地改变了国家间的交往方式，当今各国都把"文化软实力"作为国家总体实力的重要构成。回顾美国在20世纪的崛起，可以发现美国文化的国际传播在其中扮演了重要角色。学界对美国文化外交和文化宣传的个案研究层出不穷，但鲜有研究从一种历史建构的视角出发，还原美国文化国际传播被逐步纳入外交框架的复杂过程。纵览1917~1945年美国文化国际传播史可以发现，虽然传播行为体多元，传播项目与机构变动频繁，但仍有一条线索清晰可见：在国家身份层面，美国从"孤立主义"强国跃升为"自由国际主义"全球霸权；在传播观念层面，文化国际主义被文化国家主义逐步替代，两种"理想类型"之间的冲突与博弈建构出了文化外交与文化宣传两种美国文化国际传播的折中观念与现实策略；在制度层面，以文化关系司、美洲间事务合作办公室和战争信息办公室为代表的诸多文化国际传播机构得以建立，并以多种传播策略为不断变动的美国国家利益服务。

　　综合国内外研究成果，本研究通过引入一种历史建构的视角，对美国1917~1945年文化国际传播的诸多行为体、机构和项目展开分析，解析了宏观历史环境在每个时期如何建构美国国家身份与利益，而不断变动的国家身份与利益又如何进一步建构出多种文化国际传播观念，最后厘清这些观念如何沿着制度化路径影响美国文化国际传播策略。本章在总结和梳理全书各章重要观点的同时，也将反思研究方法和主体存在的客观限制，并对未来研究提出建议，希冀从理论到实践对国内的美国文化国际传播相关研究提出可能性的建言。

第一节
研究发现

一、两种文化国际传播的"理想类型"与现实策略

本书借助马克思·韦伯的"理想类型"概念分类法，从美国复杂纷繁的文化国际传播活动中提炼出两种文化国际传播的"理想类型"：文化国际主义与文化国家主义，并以此超越传统的文化外交或文化宣传的分析框架，而把两者还原成为两种"理想类型"在历史中的折中观念与现实策略。其中文化国际主义是兴起于第一次世界大战后"世界和平运动"中的一种文化国际传播观念，其强调文化的国际传播不应服务于狭隘的民族主义，而应通过国际教育和文化交流形成一种"国家间思想共同体"，最终实现世界和平的目标。与其相反，文化国家主义作为一种全球思潮则兴起于20世纪30年代经济"大萧条"和纳粹势力崛起的悲观国际环境中，其主张民族国家的文化国际传播必须服务于狭隘的国家利益，文化可以成为国际政治斗争中的有力武器。

本书发现1917~1945年美国国家身份与利益的历史变迁造成了美国对外政策在传统"孤立主义"与威尔逊"自由国际主义"之间摇摆，进而决定了美国文化国际传播观念在两种"理想类型"之间的位置。国际关系建构主义理论认为国家的"身份"是一个变量，它们依赖于历史、文化和社会背景。因此，本书首先厘清了1917~1945年间的历史环境中建构出的四种美国国家身份：孤立主义区域大国（1917年之前）；自由国际主义西半

球强国（1917~1919年）；孤立主义西半球强国（1919~1941年）和下一个世界霸权（1941~1945年）。

身份是利益的先决条件，行为体在确定身份之后才能了解自身所需。因此，四种美国国家身份建构出了相应的对外关系方面的国家利益：作为孤立主义区域大国的美国的核心利益是在不介入欧洲权力政治的前提下提升自身国际地位与影响力；作为自由国际主义西半球强国的美国的核心利益是击败德国，输出美国所谓的"民主自由"理念；孤立主义西半球强国的美国核心利益是维护西半球安全稳定，保障本国在拉丁美洲地区的利益；而作为下一个世界霸权的美国的核心利益是击败纳粹，以自身标准重建国际秩序。

本书发现，当"孤立主义"外交政策盛行时，美国文化国际传播观念比较接近文化国际主义的理想类型，联邦政府倾向于采用"自由放任"的传播策略，将相关事务置于政府官方外交政策框架之外。但这并不意味着此种状态下美国文化的国际传播不服务于国家利益，而只是由非政府行为体承担的国际传播恰好满足了此种身份下的美国国家利益。当美国外交政策由"孤立主义"转向"自由国际主义"时，其文化国际传播观念也相应地发生"国家主义"转向。在两种观念的博弈与妥协中，作为一种折中现实策略的文化外交随之诞生。最后，当"自由国际主义"外交政策完全确立时，美式文化宣传观念也随之得以确立，并以制度化路径影响相关策略。

二、美国文化国际传播的观念范畴及其建构策略的制度化路径

在观念对策略的建构方面，本书借助戈尔茨坦和基欧汉的新自由制度主义的分析视角，提出美国文化国际传播的"观念"可以进一步拆分为世界观、原则化信念和因果信念三种范畴，并指出制度化是影响传播策略的主要路径。

首先，本书发现美国清教徒文化为其文化国际传播提供了"世界观"

基础。"美国例外论"主张将美国与世界其他国家从根本上区分开，为美国对世界承担特殊责任和义务提供了一种合理的解释，成为美国持续不断的全球文化扩张的意识形态根源之一。其次，美国的"自由主义"政治传统和"孤立主义"外交理念为美国文化国际传播设定了"原则化信念"。自由主义政治理念的核心是保护个人自由，限制联邦政府的权力；孤立主义外交传统主张美国不以政治和军事的方式介入欧洲事务。两者共同建构出了联邦政府不介入文化国际传播事务，而由非政府组织开展相关活动的现实策略。

研究发现20世纪初的历史环境建构出了美国西半球大国的国家身份。在威尔逊"自由国际主义"外交理念的影响下，美国文化国际传播的"推销"观念在"一战"中产生，并以成立公共信息委员会的制度化方式影响相关策略。公共信息委员会对内进行战争动员，对外"推销"威尔逊的国际关系理念。第一次世界大战结束后，在国内自由主义者的批评下，公共信息委员会迅速解散，但其传播观念与策略深刻影响了美国之后的相关实践。在战后的反思热潮中，文化国际主义观念在英法等国诞生。持有此种观念的人文知识分子在世界范围内形成了一个"认识共同体"，并以各类国际文化交流机构的建立得以制度化。美国国内也创立了诸如学术团体协会和图书馆协会之类的文化交流机构，它们与慈善组织共同构成了这一历史阶段美国文化国际传播的主要行为体。同时，战后多数美国人都已厌倦理想主义运动，哈定和柯立芝两位总统在外交政策上退回到了"孤立主义"传统，政策实施主要依赖私人和非政府渠道，为非政府文化国际传播策略提供了制度环境。

20世纪30年代，随着文化国家主义观念渐占上风，文化外交观念得以建构，其同样沿着"制度化路径"影响相关策略。1938年，文化关系司成立，其在拉丁美洲国家的传播实践中形成了一套策略，即以"互惠"原则，通过国际教育合作和文化交流，立足拉丁美洲，展望全球。随着洛克菲勒关于文化和教育项目应与经济项目共同展开的观念被政府采纳，"文化"的内涵被再次扩展。在这种观念下，美洲间事务合作办公室得以创立。

研究发现第二次世界大战彻底改变了美国文化国际传播的"原则化信念",文化宣传观念得以建构,并随着国务院人事组织架构革新及战争信息办公室的建立得以制度化。在"二战"中,战争信息办公室将美国文化的国际传播作为击败敌人的武器。1945年,美国已成为世界最重要的政治、经济和军事力量。在新的历史阶段,美国愈加将自身文化作为实现霸权的工具。

第二节
研究不足与反思

一、资料获取的不足

1917~1945年美国文化国际传播的相关史料相当庞杂,只有通过长时间的系统梳理才能产生真正洞见,而试图穷尽所有相关历史素材本身就是不可能完成的任务。本书使用的史料大多来自英文专著、论文、数据库和少量美国国务院解密档案。与之相比,中文相关资料比较稀少,而且由于研究者语言能力的限制,也无法获得受传国家,尤其是拉丁美洲国家和欧洲相关国家的一手史料。虽然本书出发点是基于"传者"美国的视角,但也必须对其传播观念与策略做出研究者应有的独立判断。显然,如果能掌握多国史料,本书就能以跨国史的批判视角做出更深入和全面的分析。

二、研究方法的不足

本书采用的历史解释学方法要求研究者突破自身文化局限,通过梳理大量原文文献将自己带入"他者"的历史语境中,还原每段具体历史环境对美国文化国际传播观念和策略的建构过程。同时,此种方法又要求研究者适时从史料中抽离出来，站在一个相对客观的立场对史料进行评判。在本项研究中，20世纪早期的美国外交史对研究者自身的跨文化理解能力提出了挑战。虽然研究者已尽力避免从自身文化的角度出发理解文化"他者"在历史中的行为和动机，但在对史料的沉浸与抽离过程中也难免会有理解偏差。

第三节
研究建议与启示

一、对未来相关研究的建议

随着重视多国史料搜集和整理的全球史与跨国史研究愈加流行，未来研究者可尝试获取相关受传国家的一手历史材料，并加以翻译整理，为美国文化国际传播研究提供一种受传者的视角。目前此类研究大多基于美国国务院解密档案和其他英语数据库资料，这就极大限制了研究者的出发点和视角。具备语言能力的研究者未来可借助西班牙语和葡萄牙语数据库获得美国文化国际传播在拉丁美洲受众中传播效果的历史素材，这必将扩展目前研究的维度。同时，未来研究者也可以从两次世界大战期间美国流行文化对欧洲输出"现代性"的历史入手，同样采用全球史和跨国史的方法，结合受众国家视角展开更立体的研究。

在研究视野方面，未来研究者可以从横向和纵向两个维度拓展相关研究。在纵深方面，可进一步向历史更深处追寻美国文化国际传播的基督教因素，发掘与基督教传教士相关的更多史料来完善现有研究。除此之外，虽然目前对于"冷战"时期的文化宣传研究汗牛充栋，但由于史料丰富，未来研究者仍然可以从新的理论视角出发不断挖掘该段历史，并关注美苏两国之外的他国对"宣传战"的观念及应对策略。在横向历史维度上，可以考虑分析比较各个大国在崛起过程中利用自身文化的国际传播实现国家利益的不同观念与策略,以期探究不同宗教、文化、政治传统和国际体系对文化国际传播观念与策略的影响。

在研究理论视角方面,本书主要借用了新自由制度主义理论中观念建构策略的"制度化"路径。未来研究者也可探究其他路径,但这也要借助于更多原始档案的解密和研究者的梳理与整合。

二、本书对实践的启示

本书对客观理性地认识美国文化国际传播在其成为世界霸权过程中的作用有所助益。自建国以来,美国文化的国际传播就既包括文化国际主义观念下的互惠双向文化交流,又包括文化国家主义观念下的文化宣传。两者的界线在第二次世界大战中逐渐模糊。美国的文化宣传活动更是在随后的"冷战"中成为美国"赢得人心和头脑"的重要武器。1965年,文化宣传被整合入美国的公共外交策略之中。"冷战"结束后,美国曾经大幅削减公共外交经费。但在"9·11"事件后,美国小布什政府重新拾起公共外交这一有力武器,为其发起的"反恐战争"争取国际舆论支持。在中美贸易摩擦不断、双边关系备受挑战的当下,一方面要警惕美国文化国际传播的"宣传性",防止其故意抹黑中国的国际形象;同时又要客观理性地看待中美之间正常的人文交流,避免将其过度"政治化",损害我国国家利益。同时,在提倡构建"人类命运共同体"的当下,应梳理和整合中国文化资源,积极构建具有新时代中国特色的文化国际主义精神,建立相关机制并寻求有效策略,为加强国家间平等互惠的文化交流,促进文明对话提供理论支撑和制度保障。

在具体策略方面,本书为中国文化的国际传播提供了一些工具层面的借鉴。首先,在传播主体方面,应在政府主导的前提下鼓励更多非政府行为体参与传播实践,并积极探索切实可行的"公私合作"机制,以发挥各类文化传播机构的创意和灵活性。其次,在传播内容选择方面,应以受众需求为基本导向。既要重视对国际受众有吸引力的中国传统文化，也要加强对于中国当代文化，尤其是流行文化的国际传播。同时，也应适当扩大"文化"的内涵，使其既涵盖以哲学、文学、艺术和高等教育为代表的"精英文化"，也包括"中国制造"和"中国创造"的商品中体现出的工业文化与独特价值。再次，在中国文化"走出去"的媒介渠道方面，既要重视以互联网、物联网、5G 和虚拟现实（VR）等为代表的新媒体，同时也要充分利用图书、图书馆、博物馆和文化中心等"慢媒介"。最后，在中国文化国际传播的受众方面，应针对受众国家和群体的宗教信仰、政治制度和文化背景制定具有针对性的传播策略。

参考文献

[1] [美] 埃里克·方纳:《美国历史:理想与现实》(下),王希译,商务印书馆2017年版。

[2] [意] 安东尼奥·葛兰西:《狱中札记》,曹雷雨、姜丽、张跣译,河南大学出版社2016年版。

[3] [德] 奥斯瓦尔德·斯宾格勒:《西方的没落》,张兰萍译,北京联合出版传媒集团2015年版。

[4] [美] R. B. 伯恩斯坦:《杰弗逊传》,徐镜姿译,中国人民大学出版社2017年版。

[5] 常贝贝:《冷战初期美国的海外图书馆项目与心理宣传战》,载于《东北师大学报》(哲学社会科学版)2010年第3期。

[6] 常贝贝:《冷战初期美国的心理战与海外图书馆项目1945-1961》,东北师范大学博士学位论文,2015年。

[7] 常贝贝:《冷战时期的美国图书馆——文化外交工具的历史考察》,载于《图书馆论坛》2015年第5期。

[8] 陈永贵:《冷战心理宣传视域下的美国海外学生项目研究(1945-1961)》,武汉大学博士学位论文,2014年。

[9] 仇海萍:《美国"公共信息委员会"简论》,载于《历史教学问题》2014年第2期。

[10] 储召锋:《诺曼·安吉尔国际政治思想解读》,载于《辽东学院学报》(社会科学版)2011年第13卷第3期。

[11] 崔建立:《冷战时期富布莱特项目与美国文化外交》,东北师范

大学博士学位论文，2011年。

［12］董秀丽：《外交的文化阐释——美国卷》，知识产权出版社2012年版。

［13］［美］费正清：《费正清中国回忆录》，熊文霞译，中信出版集团，2017年。

［14］［美］弗兰克·宁科维奇：《范式失落：文化转向和美国外交史的全球化》，牛可译，载于《冷战国际史研究》2006年6月。

［15］［法］弗雷德里克·马特尔：《论美国文化：在本土和全球之间双向运行的文化体制》，周芒译，商务印书馆2013年版。

［16］［加］弗雷泽：《软实力：美国电影、流行乐、电视和快餐的全球统治》，刘满贵等译，新华出版社2006年版。

［17］郭又新：《穿越"铁幕"：美国对"苏东国家"的冷战宣传1945～1963》，东北师范大学博士论文，2003年。

［18］韩铁：《福特基金会与美国的中国学》，中国社会科学出版社2004年版。

［19］韩召颖：《输出美国——美国新闻署与美国公众外交》，天津人民出版社2000年版。

［20］［英］赫伯特·巴斯菲尔德：《历史的辉格解释》，张岳明、刘北城译，商务印书馆2012年版。

［21］胡腾蛟：《美国公共信息委员会与威尔逊和平主义的推销》，引自徐蓝：《近现代国际关系史研究》第十五辑，世界知识出版社2018年版。

［22］胡腾蛟：《冷战时期美国公共外交与国家形象塑造1947-1961》，武汉大学博士学位论文，2013年。

［23］胡腾蛟：《文化冷战背景下美国图书的海外传播与国家形象塑造》，载于《中南大学学报》（社会科学版）2016年4月。

［24］胡文涛：《美国对华文化外交的历史轨迹与个案分析——宗教与国家的二元使命》，暨南大学博士学位论文，2005年。

［25］胡文涛：《美国私人基金会参与文化外交的历程与动因》，载于

《世界历史》2008年第6期。

［26］胡文涛：《美国文化外交及其在中国的运用》，世界知识出版社2008年版。

［27］胡文涛：《冷战结束前私人基金会与美国文化外交》，载于《太平洋学报》2008年第3期。

［28］胡欣：《美国帝国思想的对外含义：对国家身份、意识形态和国际秩序观的历史解读》，江苏人民出版社2017年版。

［29］姜韬：《美国之音与〈史密斯－蒙特法案〉发展历程中的思想交锋》，载于《新闻研究导刊》2017年11月。

［30］［美］杰拉尔德·瑟斯曼：《西方如何"营销"民主》，忠华译，中信出版社2015年版。

［31］［美］杰里尔·罗赛蒂：《美国对外政策的政治学》，周启朋、傅耀祖等译，世界知识出版社1997年版。

［32］［英］英德杰特·帕马：《以慈善的名义：美国崛起进程中的三大基金会》，陈广猛、李兰兰译，北京大学出版社2018年版。

［33］［美］孔华润主编：《剑桥美国对外关系史》（下），新华出版社2005年版。

［34］［美］拉塞尔·柯克：《美国秩序的根基》，张大军译，江苏凤凰文艺出版社2018年版。

［35］蓝大千：《美国公共信息委员会对外宣传研究（1917－1919）》，引自徐蓝：《近现代国际关系史研究》第十五辑，世界知识出版社2018年版。

［36］［英］雷蒙·威廉斯：《关键词：文化与社会的词汇》，刘建基译，生活·读书·新知三联书店2016年版。

［37］李华：《国际组织公共外交研究》，时事出版社2014年版。

［38］李韬：《美国的慈善基金会与美国政治》，中国社会科学院研究生院博士学位论文，2003年。

［39］李智：《文化外交：一种传播学的解读》，北京大学出版社2005年版。

[40] 李智、萨其尔:《国家资源软权力化的路径分析——一个传播学的视角并以美国为例》,载于《现代传播》2011年第8期。

[41] 李忠斌:《"911"事件后美国公共外交研究的争论与进展》,载于《当代世界》2011年第3期。

[42] [美] 理查德·霍夫施塔德:《美国政治传统及其缔造者》,崔永禄、王忠和译,商务印书馆2015年版。

[43] 梁昌明:《绩效视角下的美国公共外交研究1945-2011》,山东师范大学博士学位论文,2015年。

[44] 廖宏斌:《文化、利益与美国公共外交》,外交学院博士学位论文,2002年。

[45] 林敏华:《美国之音简史:美国之音与美国国家传播战略》,中国大百科全书出版社2014年版。

[46] 刘国柱:《美国文化的新边疆》,中国社会科学出版社2005年版。

[47] 刘海龙:《宣传:观念、话语及其正当化》,中国大百科全书出版社2013年版。

[48] 刘建平:《从美国的公共外交认识国际传播》,载于《中国图书评论》2010年第6期。

[49] 刘鸣筝:《从国际传播到公共外交:冷战缓和时期美国公共外交的体系建设》,载于《社会科学战线》2008年第3期。

[50] [美] 卢瑟·利得基:《美国特性探索》,龙治芳等译,中国社会科学出版社1991年版。

[51] [法] 罗曼·罗兰:《罗曼·罗兰文钞》,孙梁译,广西师范大学出版社2004年版。

[52] [英] 马修·阿诺德:《文化与无政府状态:政治与社会批评》,韩敏中译,生活·读书·新知三联书店2008年版。

[53] [美] 迈克尔·亨特:《意识形态与美国外交政策》,褚律元译,世界知识出版社1999年版。

[54]［美］莫里·古皮提尔·曼宁:《当图书进入战争:美国利用图书赢得二战的故事》,犹家仲译,广西师范大学出版社2017年版。

[55] 倪世雄:《当代西方国际关系理论》,复旦大学出版社2012年版。

[56] 潘一禾:《文化与国际关系》,浙江大学出版社2005年版。

[57] 钱满素:《自由的基因:美国自由主义的历史变迁》,东方出版社2016年版。

[58] 钱满素主编:《绅士谋国:美国缔造者》,东方出版社2018年版。

[59] 钱满素主编:《自由的刻度:缔造美国文明的40篇经典文献》,东方出版社2016年版。

[60] 钱倩:《真理运动——杜鲁门时期美国对外宣传的发展》,首都师范大学硕士学位论文,2007年。

[61]［美］乔治·布朗·廷德尔、大卫·埃默里·施:《美国史》(全4卷),宫齐等译,南方日报出版社2012年版。

[62]［美］塞缪尔·亨廷顿:《谁是美国人?美国国民特性面临的挑战》,程克雄译,新华出版社2010年版。

[63]［美］塞缪尔·亨廷顿:《文明的冲突与世界秩序的重建》,周琪等译,新华出版社1999年版。

[64] 石玮:《美国新闻处在华活动研究》,上海大学博士学位论文,2013年。

[65] 孙英春:《警惕软实力的"话语陷阱"》,载于《中国社会科学报》2015年12月4日第005版。

[66] 唐小松、王义桅:《公共外交对国际关系理论的冲击一种分析框架》,载于《欧洲研究》2003年第4期。

[67] 唐小松、王义桅:《试析美国公共外交及其局限》,载于《现代国际关系》2003年第5期。

[68]［美］托克维尔:《论美国的民主》(上下卷),董果良译,商务

印书馆 2017 年版。

［69］［美］托马斯·杰弗逊：《弗吉尼亚笔记》，朱曾汶译，商务印书馆 2014 年版。

［70］王立新：《踌躇的霸权：美国崛起后的身份困惑与秩序追求 1913 - 1945》，中国社会科学出版社 2015 年版。

［71］王立新：《意识形态与美国外交政策——以 20 世纪美国对华政策为个案的研究》，北京大学出版社 2007 年版。

［72］王晓德：《"美国例外论"与美国文化全球扩张的根源》，载于《世界政治与经济》2006 年第 7 期。

［73］王晓德：《美国文化与外交》，世界知识出版社 2000 年版。

［74］王晓德：《"软实力"与美国大众文化的全球扩张》，载于《历史教学》2007 年第 10 期。

［75］王晓德：《文化的帝国：20 世纪全球"美国化"研究》（上、下册），中国社会科学出版社 2011 年版。

［76］温强：《美国早期孤立主义的清教根源》，载于《西南师范大学学报》（人文社会科学版）2002 年第 28 卷第 2 期。

［77］［美］沃尔特·艾萨克森：《富兰克林传》，孙豫宁译，中信出版社 2015 年版。

［78］辛兆义、董小川：《美国官方第一个对外文化扩张机构"公共信息委员会"》，载于《历史教学问题》2013 年第 1 期。

［79］邢悦：《文化如何影响外交政策——以美国为个案的研究》，北京大学出版社 2011 年版。

［80］熊志勇主编：《美国政治与外交决策》，北京大学出版社 2007 年版。

［81］［美］亚历山大·温特：《国际政治的社会理论》，秦亚青译，上海人民出版社 2000 年版。

［82］杨生茂主编：《美国外交政策史 1775 - 1989》，人民出版社 1991 年版。

[83]［美］约翰·B. 亨奇：《作为武器的图书：二战时期以全球市场为目标的宣传出版与较量》，蓝胤淇译，商务印书馆2016年版。

[84]［德］约翰·哥特弗雷德·赫尔德：《反纯粹理性——论宗教、语言和历史文选》，张晓梅译，商务印书馆2010年版。

[85]［美］约瑟夫·奈：《美国世纪结束了吗？》，邵杜罔译，北京联合出版公司2016年版。

[86]［美］约瑟夫·奈：《软实力》，马娟娟译，中信出版社2013年版。

[87] 张毓强：《国际传播：思想谱系与实践迷思》，中国传媒大学出版社2017年版。

[88] 赵可金：《美国公共外交的兴起》，载于《复旦学报》（社会科学版）2003年第3期。

[89] 周琪：《意识形态与美国外交》，上海人民出版社2006年版。

[90] 周晓红：《理想类型与经典社会学的分析范式》，载于《江海学刊》2002年第2期。

[91]［美］朱迪斯·戈尔茨坦、罗伯特·基欧汉编：《观念与外交政策：信念、制度与政治变迁》，刘东国、于军译，北京大学出版社2005年版。

[92] 资中筠：《财富的归宿：美国现代公益基金会述评》（增订本），生活·读书·新知三联书店2011年版。

[93] 资中筠：《财富的责任与资本主义的演变》，上海三联书店2015年版。

[94] Adam, Brooks. *The New Empire.* New York: The Macmillan Company, 1903.

[95] Arndt, Richard T., and Lois W. Roth, "Information, Culture and Public Diplomacy: Searching for an AmericanStyle of Propaganda", *In the Press and the State: Sociohistorical and Contemporary Interpretations*, eds. Walter M. Brasch and Dana R. Ulloth. Lanham. Md.: University Press of America, 1986.

[96] Arndt, Richard T, "Cultural Diplomacy: Nurturing Critical Junc-

tures". In *Psychodynamics of International Relationships*, eds. Vamik D. Volkan, Demetrios A. Julian, and Joseph V. Montville. Lexington Mass.: Lexington Books, 1988.

[97] Arnold, Matthew. *Culture and Anarchy.* New York: Macmillan, Third edition, 1882.

[98] Bacon, Robert and James Brown Scott, eds.. *Latin America and the United States: Address by Elihu Root.* Cambridge: Harvard University Press, 1977.

[99] Barrett, Edward. *Truth Is Our Weapon.* New York: Funk and Wagnalls, 1953.

[100] Bernays, Edward L., and Burnet Hershey. *The Case for Reappraisal of US Overseas Informational Policies and Programs.* New York: Praeger, 1970.

[101] Blum, J. M. *V was for victory.* New York: Harcourt Brace Jovanovich, 1976.

[102] Butler, Nicholas M, "The International Mind: How to Develop It", *Proceedings of the Academy of Political Science* 8, 1917.

[103] Cavaliero, Roderick E, "Cultural Diplomacy: The Diplomacy of Influence". *The Round Table*, 298, 139 – 44. Butterworth: London, 1986.

[104] Cherrington, Ben, "The Division of Cultural Relations of the Department of State", *Institute of International Education News Bulletin*, Vol. 14, No. 8, 1939.

[105] Colligan, Francis J. *Twenty Years After: Two Decades of Government – Sponsored Cultural Relations.* Washington, D. C.: Department of State International Information and Cultural Series, Series 59, 1958. Congressional Record: Proceedings and Debates of the Congress, Volume 109, Part 6.

[106] Coombs, Philip H. *The Fourth Dimension of Foreign Policy: Educational and Cultural Affairs.* New York: Harper & Row, 1964.

[107] Creel, George. *How We Advertised America*. New York and London: Harper & Brothers Publishers, 1920.

[108] Curti, Merle. *American Philanthropy Abroad*. 1963. Reprint, with new introduction by the author, New Brunswick, N. J. : Transaction, 1988.

[109] John W Dean. *Warren G. Harding : The American Presidents Series : The 29th President, 1921 – 1923*. New York: Time Books Henry Holt and Company, 2004.

[110] Delaney, Robert F. , and John S. Gibson, eds. . *American Public Diplomacy : The Perspective of Fifty Years*, Medford Mass. : Murrow Center, Fletcher School and Filene Center, Tufts University, 1967.

[111] Dewey, John. *The Later Works of John Dewey, 1925 – 1953 : Essays, Reviews, Trotsky Inquiry, Miscellany, and Liberalism and Social Action*. Carbondale: Southern Illinois University Press, 2008.

[112] Diebel, Terry L. , and Walter R. Roberts. *Culture and Information : Two Foreign Policy Functions*. Beverly Hills and London: Sage Washington Papers IV, 1976.

[113] Divine, Robert A. *Second Chance : The Triumph of Internationalism in America During World War II*. New York: Atheneum, 1967.

[114] Espinosa, Manuel. *Inter – American Beginnings of US Cultural Diplomacy 1936 – 1948*. Washington, D. C. : Department of State, 1976.

[115] Finn, Helena Kane, "The Case for Cultural Diplomacy: Engaging Foreign Audiences". *Foreign Affairs*, 2003, Vol. 82, No. 6.

[116] Fortner, R. S. . *International Communication : History, Conflict, and Control of the Global Metropolis*. Wadsworth Pub. Co, 1993.

[117] Fulbright, J. William and Bourke Hickenlooper. *Hearings of the Senate Foreign Relations Committee, 1952 – 1953*.

[118] Gerschenkron, Alexander, "On the Concept of Continuity in History", *Proceedings of the American Philosophical Society*, 1962, Vol. 106, No. 3.

［119］Girona, Ramon and Jordi Xifra, "The Office of Facts and Figures: Archibald MacLeish and the 'strategy of truth'", *Public Relations Review*, 2009, Vol. 35, No. 3.

［120］Graham, Sarah Ellen. *Culture and Propaganda: The Progressive Origin of America Public Diplomacy, 1936 – 1953*. Surrey: Ashgate Publishing Limited, 2015.

［121］Green, Fitzhugh. *American Propaganda Abroad from Benjamin Franklin to Ronald Reagan*. New York: Hippocrene, 1988.

［122］Hart, Justin. *Empire of Ideas: The Origins of Public Diplomacy and the Transformation of U. S. Foreign Policy*. Oxford: Oxford University Press, 2013.

［123］Holland, Catherine A. , "Hartz and Minds: The Liberal Tradition after the Cold War". *Studies in American Political Development*, 2005, Vol. 19, No. 2.

［124］Hull, Cordell, "The Division of Cultural Relations of the Department of State", Hanke, ed. , *Handbook of Latin American Studies*, 1937.

［125］Huntington, Samuel P. *The Clash of Civilizations and the Remaking of World Order*. New York: Simon & Schuster, 1996.

［126］Iriye, Akira. *Across the Pacific: An Inner History of American – East Asian Relations*. New York: Harcourt, Brace, 1967.

［127］Iriye, Akira. *Cultural Internationalism and World Order*. Baltimore and London: The Johns Hopkins University Press, 1997.

［128］Iriye, Akira, "Culture and International History". *Explaining the History of American Foreign Relations* eds. Michael Hogan and Thomas G. Paterson. New York: Cambridge University Press, 1991.

［129］Isaacson, Walter. *Benjamin Franklin: An American Life*. New York: Simon & Schuster, 2003.

［130］James, R. Mock, "The Creel Committee in Latin America", *The*

Hispanic American Historical Review, 1942, Vol. 22, No. 2.

[131] Josephson, Harold. *James T. Shotwell and the Rise of Internationalism in America*. N. J.: Rutherford Fairleigh Dickinson University Press, 1975.

[132] Kellermann, Henry J. *Cultural Relations as an Instrument of US Foreign Policy: The Educational Exchange Program between the U. S. and Germany, 1945 – 1954*. Washington, D. C.: Department of State, 1978.

[133] Kiger, Joseph E. *American Learned Societies*. Washington D. C.: Public Affairs Press, 1963.

[134] Kotlowski, Dean J, "Selling America to the World: The Office of War Information's 'The Town' (1945) and the 'American Scene'", Series pp. 83 – 85, *Australasian Journal of American Studies*, Vol. 35, No. 1, The State and US Culture Industries, 2016.

[135] Krenn, Michael L. *The History of United States Cultural Diplomacy: 1770 to the Present Day*. London: Bloomsbury Publishing Plc, 2017.

[136] Lewis, Mark B, "Shelving Access for USIA Libraries Lies Ahead." *American Libraries*, 1997, Vol. 28, No. 2.

[137] Luce, Henry, "The American Century", *Diplomatic History*, Vol. 23, No. 2, Malden: Blackwell Publishers, 1999.

[138] Lui, Elizabeth Gill. *Building Diplomacy: The Architecture of American Embassies*. Ithaca. N. Y.: Cornell University Press, 2004.

[139] MacCormac, John, "Hull to Take Reins over all Agencies in Economic Field," *New York Times*, September 3, 1943; and Neal Stanford, "Streamlining Wind Hits State Department", *Christian Science Monitor*, December 4, 1944.

[140] Map, Alf. J. *Thomas Jefferson: American's Paradoxical Patriot*, Rowman & Littlefield Publishers, 2008.

[141] McMurry, Ruth, and Muna Lee. *The Cultural Approach: Another Way in International Relations*. Chapel Hill: University of North Carolina Press, 1947.

[142] Minutes of Meeting, General Advisory Committee of the Division of Cultural Relations of the Department of State, February 25 – 26, 1942, Box 29, Entries 20 – 22, RG 353, NARA.

[143] Mitchell, J. M. *International Cultural Relations*. London: Allen and Unwin in Association with the British Council, 1986.

[144] Mock, James R., and Cedric Larsen. *Words that Won the War: The Story of the Committee on Public Information, 1917 – 1919*. Princeton: Princeton University Press, 1939.

[145] Mulcahy, Kevin V, "Cultural Diplomacy and the Exchange Programs: 1938 – 1978", *Journal of Arts Management, Law & Society*, 1999, Vol. 29, No. 1.

[146] Ninkovich, Frank A. *Modernity and Power: A History of the Domino Theory in the Twentieth Century*. Chicago: University of Chicago Press, 1994.

[147] Ninkovich, Frank A, "The Currents of Cultural Diplomacy: Art and the State Department, 1938 – 1947." *Diplomatic History I*, 1977.

[148] Ninkovich, Frank A. *The Diplomacy of Ideas: U. S. Foreign Policy and Cultural Relations, 1938 – 1950*. Cambridge: Cambridge University Press, 1981.

[149] Ninkovich, Frank A. *U. S. Information Policy and Cultural Diplomacy*. New York: World Affairs Council, 1966.

[150] Pollitt, Ronald L, "Wooden Walls: English Sea Power and the World's Forests", *Forest History*, 1971, 转引自袁建军、孙佳敏、沈骑:《马汉海权思想及其现代意义》, 载于《世界经济与政治论坛》2014年第6期。

[151] Reeves, Julie. *Culture and International Relations: Narratives, Natives and Tourists*. New York: Routledge, 2004.

[152] Reinsch, Paul. *Public International Unions*. Boston: Ginn & Co., 1911.

[153] Richards, Pamela Spence, "Information for the Allies", *The Library Quarterly: Information, Community, Policy*, 1982, Vol. 52, No. 4.

[154] Rogers, Daniel T. *As a City on a Hill: The Story of America's Most Famous Lay Sermon.* New Jersey: Princeton University Press, 2018.

[155] Rosenberg, Emily. *Financial Missionaries to the World: The Politics and Culture of Dollar Diplomacy, 1900–1930.* Cambridge, Mass., and London: Harvard University Press, 1999.

[156] Rosenberg, Emily. *Spreading the American Dream: American Economic and Cultural Expansion, 1890–1945.* Toronto: McGraw–Hill Ryerson Ltd., 1982.

[157] Seong–Hun Yun and Elizabeth L. Toth, "Future Sociological Public Diplomacy and the Role of Public Relations: Evolution of Public Diplomacy", *American Behavioral Scientist*, 2009, Vol. 53, No. 4.

[158] Shotwell, James T, "International Understanding and International Interdependence", *National Study for the Study of Education, International Understanding Through the Public School Curriculum.* Bloomington, Ill.: Public School Publishing Company, 1937.

[159] Spencer, Herbert. *The Man versus the State, with Six Essays on Government, Society and Freedom*, ed. Eric Mack, introduction by Albert Jay Nock. Indianapolis: Liberty Classics, 1981.

[160] Thompson, Kenneth W., ed. *The Stanton Commission Revisited, Rhetoric and Public Diplomacy*, Vol. 7. Lanham, Md.: University Press of America, 1988.

[161] Thomson, Charles A. "The Cultural–Relations Program of the Department of State", *Journal of Educational Sociology*, 1942, Vol. 16, No. 3.

[162] Velkley, Richard, "The Tension in the Beautiful: On Culture and Civilization in Rousseau and German Philosophy", *Being after Rousseau: Philosophy and Culture in Question.* Chicago: The University of Chicago Press, 2002.

[163] Weber, M.. *The Methodology of the Social Science.* New York: The Free Press, 1949, 转引自周晓红:《理想类型与经典社会学的分析范式》,

载于《江海学刊》2002 年第 2 期。

［164］Webster, C. K. and Herbert, Sidney. *The League of Nations in Theory and Practice.* London: George Allen & Unwin Ltd, 1933.

［165］Welles, Sumner, "The Roosevelt Administration and Its Dealing with the Republic of the Western Hemisphere", *Department of State Publication* No. 692, Washington D. C.: GOP, 1935.

［166］Wolper, Gregg, "Wilsonian Public Diplomacy: The Committee on Public Information in Spain," *Diplomatic History*, 1993, Vol. 17, No. 1.

［167］Zimmern, Alfred E. *The League of Nations and the Rule of Law 1918 – 1935.* London: Macmillan & Co. Ltd. , 1936.

［168］Zimmern, Alfred E. *The Prospects of Democracy and other Essays.* London: Chatto & Windus, 1929.

后　　记

　　这本书是在我 2020 年完成的博士学位论文基础之上修改而成。感谢我的导师中国传媒大学孙英春教授，他总是以最适当的方式给予我学术与生活方面的指导。孙老师豁达的生活态度与执着的学术追求是我学习的榜样。感谢北京大学新闻传播学院的龚文庠教授指引我走上传播学研究的道路，能够与龚老师相识是我的人生幸事。感谢中国传媒大学传播研究院的李智、张艳秋和张开教授为本书提出的诸多宝贵意见。

　　自 2008 年从教以来，大连外国语大学国际关系学院（及其前身应用英语学院）的领导和同事一直对我关爱有加。感谢张雪和朱源两位教授自本科以来对我的关注与指导；感谢薛晓芃和陈维两位亦师亦友的同事，自 2008 年相识以来她们一直与我分享国际关系知识，指引我走向国际关系与传播学的交叉领域。感谢大连外国语大学新闻与传播学院的张恒军和唐润华教授在我博士学习期间给予的无私帮助。

　　短短不足一年的"定福庄"生涯里，我以人近中年的"大哥"身份结识了不少好友。感谢曹然、屈高翔、孙浩和李晶，2016 年秋冬夜里的篮球时光美好得像是一场梦，我们将永远是"梆子井第一男团"。本书撰写过程中与同门虞雪、李冰玉和白岩的交流总让我受益匪浅，在此一并感谢。

　　学术写作是一次孤单又漫长的旅行。在我需要思想和身体同时"流浪"的时候，感谢"Time Library""抓住草莓""我在"和"氧气"咖啡店以合理的价格"收留"我。那些重度烘焙的美式咖啡和氛围音乐是这篇论文的灵感之源。

　　最后，感谢我心爱的妻子的无私付出。为了支持我的写作，她变成了一个 woman warrior，对此我会永远心怀感激；感谢我的父母，他们从小给予我的宽容与自由让我受益至今；感谢我的女儿 Emma，在每一个独自敲打键盘的日子里，她的笑容给予我最多勇气。家庭是这一切的出发原点，而一切最终也都将回归家庭。

思考永不会结束，生活也才刚刚开始……